人生100年時代の覚悟の決め方

人生を豊かにする哲学

哲学者・山口大学教授
小川仁志
Ogawa Hitoshi

方丈社

人生100年時代の覚悟の決め方　人生を豊かにする哲学　―　目次

5章　新しい時代の哲学――人生一〇〇年時代に求められる新しい哲学とは？

はじめに　人生一〇〇年時代の喜びと不安

人生一〇〇年時代、哲学の出番がきた

「人生一〇〇年時代」という表現は、あっという間に定着した感があります。実際、それを裏付けるかのように、二〇一八年の日本人の平均寿命は女性が八七・三二歳、男性が八一・二五歳と、ともに過去最高を更新しました。

あたかもそれは人間の長年の夢であった不老長寿に近づいているかのような朗報に聞こえます。

しかし他方で、自律して生活できる年齢を指す健康寿命は、平均寿命よりも一〇年ほど短く、開きがあるという問題も抱えています。

あるいは、一人の女性が生涯に産む子の推計数「合計特殊出生率」は伸び悩んでおり、日本の人口自体は一〇年連続で減少しているという現実があり、それは社会保障をどうするかといった問題にもかかわってきます。

つまり、長寿はめでたいことですが、人生一〇〇年時代といっても、喜んでばかりはい

られないのです。まずはそうした認識のもとに人生一〇〇年時代を考えていく必要があります。

では、この未曽有の時代をどう生きて行けばいいのか？　すでにさまざまな分野の専門家がこの問いに答えようと、本を出したりしています。経済の専門家や健康の専門家はもちろんのこと、資産運用の専門家まで。もちろんそういった知識については、予めしっかりと備えておく必要があるでしょう。

しかし、生き方そのものについて総合的、大局的に考えるなら、それは私が専門とする哲学の出番だと思うのです。

哲学とは、物事の本質を探求する学問です。何事も本質がわかれば、あとは技術的な問題として処理することが可能です。逆にいうと、本質がわからないと、技術的な問題を片付けることはできないのです。たとえば、人間とは何か、身体とは何かということがわかってはじめて、どうすれば健康でいられるかを語ることができるように。

したがって、人生一〇〇年時代にどう健康管理を行うかとか、あるいは資産管理をどうするかといった技術的な問題を考えるには、まず人生一〇〇年とはどういう意味なのかをはっきりさせる必要があるのです。人生一〇〇年の意味を明確につかめば、何をすればいいかは自ずと見えてきます。

「自分ならどう思うかな」と考える

私はこれまで「世界の哲学者に人生相談」（NHK・Eテレ）という番組で、視聴者から寄せられる悩みに答えてきました。その際常に、悩みの本質から解決法を探るというスタンスを貫いてきました。愛の悩みなら、まず愛とは何か考える、不安があるのなら、不安とは何かを考えるといったように。

本書でもそうした視点から人生一〇〇年の意味を明らかにし、そのうえで何をすればいいのかを提案していきたいと思います。できれば皆さんも一緒に考えてみてください。

今紹介した「世界の哲学者に人生相談」でもそうですが、哲学とは考える学問なので、受動的に聴いたり読んだりするだけではなく、「自分ならどう思うかな」というふうに考えていただくと、より本書の効果が上がるはずです。人生一〇〇年時代を生きるうえで、私たちが考えておかなければならない問題は、みな共通しているはずですから。どう働き、どう健康を維持し、どう人と付き合っていくのかというふうに。

また、人生の意味や生き方について考え抜いてきた歴史上の哲学者の言葉には、時代や文脈を越えて参考になるものがたくさんあります。そうした言葉も紹介しつつ、最後には私なりの「人生一〇〇年時代の哲学」を提示するつもりです。

新しい時代を生きていくためには、それに合わせて私たちも変わっていく必要があります。とりわけ人生一〇〇年時代というまったく新しい時代を生き抜くには、大きな覚悟が求められるでしょう。本書がその覚悟を決めていただくためのきっかけになれば幸いです。それでは一緒に哲学していきましょう。

【1章】

一〇〇年を生きるためのメンタルを作る

――「今日楽」的に生きる

一〇〇年を生きるということは、実はメンタル面に一番大きな影響があります。いったいどんな問題があるのか明らかにし、その解決策について考えていきたいと思います。

自然体で生きる

人生一〇〇年だからこそ頑張りすぎない

正直な気持ちをお話ししたいと思います。実は、人生一〇〇年と聞いた時、最初に私の頭に浮かんだのは、「そんなに精神力がもつかなぁ」ということでした。毎日「あと少し」という気持ちで限界まで頑張っているからです。本当は「あと少し」どころか、子どもたちが自立し、定年を迎え、社会的にも十分役目を果たしたと認めてもらえるまでは頑張らないといけません。

だから「一〇〇年」と聞くと、気が遠くなってしまうのです。私は来年五〇歳なので、まだちょうど半分です。でも、気持ちとしてはもう十分やってきたつもりなのです。

コップに半分だけはいった水を、まだ半分あると思うか、もう半分しかないと思うかという心理テストをよく耳にすると思います。前者はポジティブな人の見方で、後者はネガティブな人の見方です。それでいうと、私の場合どちらでもありません。まだ半分もあると感じるのですが、あくまでネガティブな意味においてです。えー、まだこんなに残ってるの……と。

この話を親しい友人にしたところ、彼は私をこう慰めてくれました。それは君が一生懸命生きているからだと。その友人は、たしかに割とのんびり生きています。本人も認めていますが、私から見てもそうです。昔からそうなのです。あまり競争が好きではなく、出世や成功には興味がありません。どちらかというと、毎日平穏無事にすごし、休日には趣味を楽しむことを大切にしている人です。面白いことに、彼は人生一〇〇年じゃ足りないといいます。

私のイメージでは、それは何かに一生懸命になっている人のセリフだと思っていたので、意外でした。そんなに平凡な毎日だったら、一〇〇年もしたら飽きるだろうと思っていたのです。ところが、逆だったのです。

指摘されてはじめて気づいたのですが、がむしゃらに生きている私のほうが、一〇〇年ももたないと感じているのです。もしかしたら、人生一〇〇年を生きるのには、あまり頑張りすぎないほうがいいのかもしれません。

自分だけが年をとるわけではないのだから

それを裏付けるかのように、現に一〇〇歳を迎えた作家の吉沢久子さんが、『100歳まで生きる手抜き論』（幻冬舎新書）という本を書かれています。残念ながら吉沢さんは二〇一九年三月に一〇一歳で亡くなりましたが、この本の中で吉沢さんは、「手抜き」というキーワードを出されています。これこそが長寿のコツだというのです。

こうしなければならないということはたくさんありますが、それを全部やっていたのでは疲れてしまいます。年をとればとるほど、当然体力は衰えていきます。にもかかわらず、以前と同じことをすべてやるというのは無理でしょう。そうなると、取捨選択が必要になってきますし、やり方を変えていかなければならないのです。手抜きをして、やることを減らすというと、いかにもさぼるようなイメージがあるかもしれません。

だからといって、吉沢さんはそれは「だらしなさ」とは異なるといいます。「手抜き」という言葉にはさぼるようなマイナスの響きがあるのはたしかですが、決してそうではないのです。そういうだらしなさとは対極にある、シンプルライフこそが手抜きの本質です。

シンプルであることと、だらしなさはイコールではないはずです。たとえば、吉沢さんの場合、髪や肌のお手入れも、いつもこざっぱり清潔にしておけばそれでいいと考えています。たしかに手抜きですが、そういうことなら、だらしない、不衛生という負の印象とは無縁です。

私にいわせるとそれは「自然体」ということなのだと思います。こうしなければいけないとか、すべてやらないといけないというのは、自然体とは程遠い発想です。考えてみれば、年をとるというのは、自然な現象です。それに抗《あらが》おうとするから苦しくなるのです。客観的にも見苦しくなります。それならば、もっと自然に生きたほうが快適なのではないでしょうか。

スイスの思想家ユングが『無意識の心理　人生の午後三時』（人文書院）という本を書いています。人生を時計に喩《たと》えて、それぞれの段階にふさわしい生き方があることを説いたものです。特に彼が重要だと考えたのは、午前から午後に切り替わる正午です。人生でいうと四〇歳くらいでしょうか。中年ですね。大きく分けるとここから老いが始まるわけです。

その時、いつまでも若い頃の価値観や生き方を引きずるのは、自然とはいえません。ユングはその場合「心の損害」という代価を支払わねばならないといいます。だから従前持っていた価値の値踏みのし直しが必要だというのです。

実はこの哲学を、私が指南役を務めているテレビ番組「世界の哲学者に人生相談」で紹介したことがあります。その時のゲストの一人が女優の萬田久子さんでした。いわずと知れた美貌の持ち主。なにしろ元ミス・ユニバース日本代表ですから。その萬田さんが、こういっておられました。「自分だけが年をとるわけではないのだから、みんなで一緒に楽しみましょう」と。

私は、これは名言だと思いました。たしかに自分だけが特別違う状況にあるなら悩むでしょう。たとえば、自分だけが特殊な病気にかかってしまった場合、必死になってそれに抗おうとするはずです。薬を飲んだり、手術を受けたり。でも、みんなが老いていくのですから、抗う必要はありません。何も薬を飲んだり、手術を受けて若返ろうとしなくてもいいのです。

しかもみんな一緒なら怖くないどころか、みんな同じ状況にあるのですから、老いを「共通のネタ」として楽しめばいいのです。情報交換をしながら、自分はこんな方法で老いを楽しんでいるとか、吉沢さんではないですが、いい手抜きの方法があるとかいうふうに。これまでは老いといえば、年をとった人限定のテーマだったように思います。六〇歳をすぎると、みんな老いの話に興味を持ち始めます。作家もそうです。六〇歳くらいになると、急に老いをテーマにした本を書き始めるのです。

でも、これからは誰もが老いを共通のテーマにして、楽しくそれを論じていく時代になるでしょう。まるで食事やスポーツの話を世代を超えて楽しむように。正確にいうと、老いだけでなく、一〇〇年をどう生きるかということが共通のテーマになってくるのでしょう。人生一〇〇時代というのは、そういう時代でもあるのです。

韓国ドラマ『トッケビ』に学ぶメンタルの保ち方

若返りも不老長寿も不自然なこと

私たちはついついアンチエイジングのための情報交換ばかりしがちです。でも、エイジングのための情報交換をしたほうが、よっぽど楽なわけです。アンチエイジングが反自然だとしたら、エイジングは自然に身をゆだねる行為にほかならないのですから。

中国の思想家老子は、自然に身をゆだねる生き方が最善だと説いています。「無為自然」

という思想です。何もしないほうがいいどころか、何もしないのが一番いいというのです。

人間は自然の一部ですから、まさにその通りなのかもしれません。あたかも植物の種が発芽し、花が咲いて、枯れていくというように。極端なことをいうと、その逆が起こったらそれは不自然で悲しいことでさえあるのです。

『ベンジャミン・バトン 数奇な人生』は、そんな悲しみを描いた映画だということができます。

主人公のベンジャミン・バトンは、八〇歳の老人の身体で生まれ、逆に年を経るにつれて若返っていきます。周囲の人は年をとっていくのに、自分だけが若返っていくわけです。普通なら若返るのはうれしいことですが、その姿は悲しげに見えます。それは萬田久子さんがいっていたように、自分だけがみんなと違うからですが、言い換えると不自然だからなのです。

何事においても、自然にさからうということは、大きな代償を伴います。自然破壊を伴う開発もそうでしょう。自然災害にも、自然にさからった代償という側面があります。個人もそうです。年をとるのは自然なことなのに、それにさからうとどうなるか。逆に無理をしすぎて病気やけがをしたり、不自然な外見になってしまったりするのではないでしょうか。

若返って行くというのも不自然ですが、不老長寿はもっと不自然です。古代中国の戦国時代の秦の初代皇帝始皇帝が、不老不死の薬を求めて水銀を飲んで死んだという言い伝えは有名です。しかし、多くの人はアンチエイジングを望むものの、不老不死までは望まないようです。さすがにこの不自然さは誰もが感じているのでしょう。これもメンタル面に関係しています。つまり、いつまでも死なないということに耐えられるかどうか不安なのです。命はいつかは終わる。それが自然の摂理であることを人間は人生を通して学んでいきます。とても悲しいことであるにもかかわらず、また死は一番避けたいものであるにもかかわらず、なぜかその事実だけは受け入れられるのです。反対に幽霊やゾンビのように、いつまでも死なない存在を不自然に捉え、恐怖さえ覚えたりします。

死にたくないのに、死なないのは不自然だとわかっている矛盾した存在。それが人間です。ほかの動物にこのような理解はないでしょう。つまり、人間は頭で必死に考えて、なんとか死を受け入れているのです。人生一〇〇年時代になっても、死がなくなるわけではありません。いつかはその時が訪れる。でも、その時が何十年も先になるというのは、わずか一〇〇年ほどしか生きられない私たちにとっては大事件なのです。だから今生き方が問われているのです。

「早く必要な情報を」は、生き急ぐ人間の価値観

『トッケビ～君がくれた愛しい日々～』という大人気の韓国ドラマがあります。「トッケビ」とは鬼という意味なのですが、主人公は神の罰によって永遠に生きることを運命づけられます。そうして自分だけが何百年も生き続けるのです。それはとても苦しいこととして描かれます。では、主人公はどんな日常を送っているか。毎日本を読んだり、芸術を鑑賞して生きているのです。本来は恋愛ドラマなのですが、私はちょうど人生一〇〇年時代について考えていたので、ついそこに目が行ってしまいました。よく見るといつも主人公は本を読んでいます。

この生き方は人生一〇〇年時代のメンタルを維持するのに参考になるかもしれないと思ったのです。本や芸術は紀元前から存在したわけですが、テクノロジーの進化とともに、それらが軽視される傾向があるのは明らかでしょう。情報化時代には、できるだけ早く必要な情報を入手するのがいいことだと考えられがちだからです。

しかし、それは生き急ぐ人間の価値観にすぎません。人生が一〇〇年もあるのなら、そ

んなに慌てる必要はないのです。

一つのことを知るのに、一瞬で答えだけ手に入れるやり方はもったいないとさえいえます。もっと時間をかけて、一冊の本をじっくり読み、芸術を鑑賞しながらじっくり考える。そんなやり方のほうが深く知ることができるし、何より楽しいのではないでしょうか。

人間は本来そうやって物事を味わってきたのです。ところが、いつの間にか拙速に答えだけを手に入れるつまらない存在になってしまった。そのためにコンピューターを発展させ、挙句の果てにはＡＩという自分に成り代わって情報を探し出してくれるテクノロジーまで生み出してしまいました。

そこではたと気づいたのです。情報を得るのは機械がやってくれるのなら、もう人間はそんなことをする必要がないのではないかと。そこで賢明な人たちは、読書をすることの大切さ、芸術を鑑賞することの意義、思考することの素晴らしさを説き始めています。それこそが人間の特徴であり、私たちが本来すべきことなのだと。

奇しくも人生一〇〇年時代に突入し、そうやって一つのことにじっくり時間をかけてもいい時代がやってきました。いや、そうして一つのことに時間をかけないと、疲れ果てて、飽きてしまう時代がやってきたのです。だから私たちは、もっと積極的に一つのことを掘り下げる姿勢をもたなければなりません。それこそがメンタルを維持しながら人生一〇〇年時代を生きるコツにほかなりません。

ウツと無縁な夢ウツツ

現実を変えるのが難しいなら、自分を変えればいい

現代社会のメンタルというと、やはりウツの問題を避けて通るわけにはいきません。人生一〇〇年時代も何もしないと、このままウツの問題を引き継ぐだけになってしまうでしょう。いや、もっとひどいことになりかねません。人生が長い分、ウツの状態が長引くということです。

そうした事態を避けるには、国民性を変えるくらいの大胆な意識の転換が必要だと思います。

ウツになるのはさまざまな理由があるわけですが、とりわけよく指摘されるのは、ストレスです。たとえば仕事が多くていつまでたっても終わらない。そして疲れが蓄積しているのに休むことさえできない。上司はパワハラで聴く耳をもたない。おまけに家庭でも問

題が生じている……。

そんな状態だとストレスもマックスになり、いつウツになってもおかしくありません。むしろならないほうがおかしいでしょう。その状況を解消するには、もちろん現実を変えるしかないわけですが、それができたら苦労はいりません。

そこで、私たちにできるのは、もう現実逃避しかないと思うのです。とはいえ、完全におかしな人になってしまうと、社会でやっていけません。

上司に「報告は?」と聞かれて、「空にゾウが飛んでます~」などと答えたら、それこそ頭がおかしくなったと思われてしまいます。だから私は「夢ウツツ」を提案したいと思います。古語で夢とも現実とも区別がつかない状態のことです。

半分現実逃避の手段としての「夢ウツツ」

私が提案する「夢ウツツ」とは、完全に現実から逃避するのではなく、半分逃避するような感じです。具体的には、先ほどの上司の質問から逃げたいなら、「あ、ちょっとお腹が……」などといってその場を立ち去るのです。

まさに「夢ウツツで話を聞いていた」というように、いい加減に話を聞いていて、ちゃんと答えられない状態のような感じです。

これなら、頭がおかしくなったわけではなく、あくまで煙に巻いただけです。よくテレビなんかでも見かけるシーンです。お調子者が上司をかわすために、冗談のようにこうしたコミカルな態度をとります。

実際の社会ではめったにこんな人はいませんが、あえてそれをやるのです。たまに見かけますが、別に周囲からも嫌われてはいません。逆に人気者でさえあるのではないでしょうか。本当はみんなそういう態度に憧れているのです。たしかに勇気はいりますが、現実から逃れられずにウツになるよりましでしょう。

人生一〇〇年時代は、たとえお調子者と思われようと、誰もがこういう夢ウツツの態度をとるべきです。ある意味でそれは「いい加減に生きること」でもあります。

これまで私たちは真面目すぎたのです。真面目はいいことですが、真面目すぎるのはよくありません。でも、日本人の場合、真面目というと真面目すぎになるので、いい加減を目指すくらいがちょうどいいのではないでしょうか。よく海外の人から、最近の日本のテレビ番組はバラエティーばかりで、お笑い芸人ばかりがテレビに出ていると揶揄《やゆ》されます。これはきっと日本人がいい加減になりたくなっている証拠だと思います。もっと楽に生きられたらいいのに、みんなそう願っているのです。

ＡＩをあまり気にしない

その意味では、昨今台頭するＡＩをあまり気にせず生きる必要があるでしょう。なぜなら、ＡＩは「いい加減」の正反対だからです。きっちりと正確に計算をする仕組みです。ＡＩが会社に導入されて、機械的業務はこれまで以上にコンピューターがやる時代になりました。

そこで勘違いしてしまうのは、そのＡＩをライバルであるかのように捉える態度です。ＡＩに自分の仕事が奪われると、ＡＩに負けないようにとスキルを磨きがちなのです。誰だって、より強い相手が現れたら、負けないように一層の努力をします。でも、その努力は有害なのです。なぜなら、いい加減にならないといけない時代に、よりきっちりとするはめになるからです。

ＡＩがやることは、きっちりしたことです。よりきっちりできる存在だから、その部分を担うわけです。私たちがＡＩから奪われる仕事は、彼らの得意分野なのです。したがって、そこで勝負してもかなわないでしょう。とするならば、私たちが目指すべきは、彼らにできないいい加減な仕事です。

その意味で、視点を変える必要があるのです。負けたからといって、同じ方向性で勝負してはいけません。視点を変えて、違うことをするようにしなければならないのです。つまり、同じ土俵で勝負しないことです。

いい加減というと抵抗があるかもしれませんが、言い換えると、もっと柔軟に、創造的に、人間らしく感性を生かして仕事をするということです。間違いにも寛容になる必要があるでしょう。人間ですから。そしてその間違うという性質をむしろプラスに捉えて、イノベーションのチャンスだと思えばいいのです。実際、多くの発明は失敗がきっかけになっています。きっちりやっているだけでは、イノベーションは起きません。そうすれば私たちももっと気楽に仕事をしていけるはずです。

寿命か愛か

いきなり愛について語られると驚く人もいるかもしれませんが、人間の外側からやって来たＡＩの話をしたからには、人間の中にある愛（ＡＩ）についてどうしても論じておく必要があると思ったのです。もちろん人生一〇〇年時代のメンタリティという文脈においいてです。

先ほどハリウッド映画『ベンジャミン・バトン 数奇な人生』について言及しました。そして韓国ドラマの話もしたわけですが、実はそのベンジャミン・バトンの韓国版をミュージカルとして扱ったドラマがあります。『アバウトタイム～止めたい時間～』という韓国ドラマです。その中で、韓国版ベンジャミン・バトンとして、『ヨニの数奇な人生』というタイトルのミュージカルを扱っているのです。もちろんドラマの中の架空の作品です。

なぜこのドラマの中でベンジャミン・バトンの韓国版が出てくるかというと、それは自分や人の寿命が見える数奇な人生を送る主人公が、愛か寿命かを選ばなければならない状況に立たされるというストーリーだからです。ベンジャミン・バトンの数奇な運命と同じく、ドラマの主人公も数奇な運命に翻弄され、愛か寿命かを選ばなければならないのです。

彼女がどちらを選ぶのかはドラマを見ていただければいいかと思いますが、ここで私は、愛と寿命がトレードオフの関係にある状況について考えさせられました。そして自分なら愛を選ぶのではないかと思ったのです。皆さんはどうでしょうか？　愛する人。恋人でも配偶者でも子どもでもいいです。親でもいいでしょう。本当に愛する人を救うために、自分の命を差し出さないといけないとしたら、どちらを選ぶでしょうか？

おそらく多くの人が愛を選ぶのではないでしょうか？　人生一〇〇年時代というのは、命が長くなる時代です。それはとても嬉しいことであり、素晴らしいことです。でも、それでも私たちが命以上に大切にしているものがあること、そしてそれがどんなに寿命が延びようとも変わらないことは、忘れてはいけないように思うのです。

それはいい加減に生きようが、どんな生き方をしようが変わることのないものです。そう思うと、不思議と安心感を覚えます。勇気も湧いてきます。これは人生一〇〇年時代のメンタリティとして、絶対にぶれてはいけない部分なのでしょう。そのうえで、長くなったこの人生をどう生きるか。それは私たちにとって新しいことですから、少し考えを改めるべき部分もあるのだと思います。私の結論を書く前に、まず人生一〇〇年時代の本質についても考えてみましょう。

人生一〇〇年時代の本質とは

そもそも人生一〇〇年時代とは、これまでの時代とどこが違うのか？　これまでの時代は、人生は一〇〇年もなく、せいぜい人生八〇年時代でしょう。あるいは現役までの人生を中心に考えてきましたから、人生六〇年時代だったといっても過言ではありません。つまり、人が生きる長さが圧倒的に短かったのです。少なくとも、そういう短い期間しか念頭に置いていなかったといっていいでしょう。

昔から日本には隠居という言葉があり、まさに引退後は隠れて生きなければならないかのような風潮があったわけです。社会の前面に出てはいけないと。いわば仕事の引退というのは、人生からの引退でもあり、あとはおまけの人生のように捉えてきたのです。だから引退後の人生において、人々が輝くような制度は想定されていませんでした。

でも、だからといって放置されてきたかというと、ここにねじれがあって、社会保障は割と手厚くされてきたのです。なぜなら、日本には政治的無関心が蔓延しており、高齢者しか投票に行かなかったからです。そのせいで、政府は必然的に高齢者に手厚い政策をとるようになりました。いわゆるシルバー民主主義です。

ただその中身は、あくまでバラマキでした。高齢者が真の意味で輝けるというのではなく、いかに引退後の人生を楽にすごせるか。そんな発想しかなかったのです。かくしてこれまでの時代は、若い人が輝くための支援は手薄で、高齢者が真の意味で輝ける制度もないという最悪の状況だったのです。

それでも人々がなんとかやってこられたのは、人生のモデルが比較的シンプルだったからです。二〇歳をすぎれば就職して結婚し、四〇代から五〇代で社会的にもピークを迎え、六〇になれば引退を考え、六〇代半ばで完全に引退する。あとは多少自治会の仕事などに携わったら、そのうち病気になって介護されるのを待つだけ。そんなモデルだったわけです。

そうすると、とにかく二二歳で大学を出るまではなんとか勉強を頑張り、仕事を得たら六〇すぎまではそこにしがみつく、後は消化試合のような人生を送ればよかったのです。だからつらくとも、輝けなくても、悩む必要はありませんでした。みな同じ生き方をしているわけですし、その選択しかなかったのですから。

ところが、人生一〇〇年時代には、人生の長さについても、また生き方のモデルについても、まったく今までとは違うことが起こる可能性があるのです。

まず私たちが人生一〇〇年時代と呼んでいるのは、死ぬまで健康でいられる時代のことです。したがって、一〇〇年間元気に生きるのが前提になっていることから、極端なことをいうと、六〇歳まで元気でよかった時代のほぼ倍の時間があることになります。

そうすると、それに伴っていろんなことが起こり得ます。つまり、大きな時代の変化を何度も体験し、また自分がかかわる人間も何度か変わってくる可能性があるということです。

必然的に生き方のモデルも、多様化して行きます。何度も勉強する機会を持つでしょうし、就職してもずっと働き続けるとは限りません。また、仕事を何度も変わる可能性だってあるでしょう。そうなると人生のピークがいつかなんて簡単には決められません。

この長いうえに、大きな変化を何度も体験しなければならない人生が、人生一〇〇年時代の本質だと思うのです。

「今日楽」的生き方とは

「享楽的」ではなく、「今日楽」的に生きる

長くて、何度も大きな変化のある時代。そんな時代にどう生きていけばいいのか。いよいよ私の結論を紹介しておきたいと思います。すでにお話ししてきた自然体で生きるとか、いい加減に生きるといったことを一言でまとめたものです。スローガンふうに表現するなら、「今日楽」的生き方ということになるでしょうか。

今日一日を楽しみながら生きるということです。英語で表現するならTodayism（トゥデイズム）と表現できます。

享楽的と音は同じですが、字も意味も大きく異なる私の造語です。

享楽的というのは、後先のことを考えずにただ快楽にふけるという意味です。一時的な快楽にふけるという点では、刹那《せつな》的という表現にも似ています。もちろんそれでも満足して生きることができればいいのでしょうが、何か投げやりな感じがします。

その対極にあるのが、一生懸命生きるという態度です。これは素晴らしいことですが、一〇〇年という長い時間、ずっとそうしたはりつめた態度で生き続けるのは大変でしょう。

私自身、これまでフルスロットルで生きてきましたが、何度も燃え尽きそうになりました。実際に燃え尽きる前に気づいたからよかったわけですが、やはり長い人生をうまく生きるためには、もっと別の理想的な態度があるように思うのです。

その点で、ラテン語の「カルペ・ディエム（その日を摘む）」、つまり今を生きるという態度もまだしんどく聞こえます。そんなに瞬間瞬間を大事にしなきゃみたいな意気込みはいらないのです。瞬間ではなく、今日という概念に着目したのはそうした理由からです。

昨日のことを思っても後悔が先立つだけ、明日のことを考えると不安になる。かといって瞬間を生きるのは息苦しい。だから今日くらいがちょうどいいのです。寝るまで頑張る。寝たらリセット。それでいいのではないでしょうか。

今年韓国の現代美術館に行ったとき、たまたま「Today」という哲学的作品を目にしました。日付の入った大きなカレンダーに、ランダムに「今日」「昨日」「明日」と書き込んであるのです。すると、昨日が今日になったり、明日が今日になったりするわけです。考えてみれば、すべては今日なのです。昨日のことも明日のことも、私たちが考えるときはいつも今日です。だから本当は今日しかないともいえるのです。

そんな今日楽主義的生き方のモデルとなるような人物はあまりいませんが、あえていうなら、フランスの哲学者サルトルはそういう生き方をしていたのかもしれません。自分で人生を切り開くという意味の実存主義を唱え、またそれを実践した哲学者です。

必ずしも実存主義が今日楽的生き方と結び付くわけではありませんが、世の中の常識や慣習に縛られることなく、自分の好きなように生きたという点では、実存主義の表現の一つが今日楽的生き方だったのかもしれません。

たとえばサルトルは、豪邸に住むわけでもなく、それどころかお金もその日使う分しか持っていなかったといいます。有名な哲学者であり作家ですから、本を書いた印税などが入ったり、講演料が入ったりしていたのでしょうが、お金のない人にあげていたそうです。

こんな生き方ができたのは、今日を楽しむことしか考えていなかったからではないでしょうか。だからといって、決して刹那的に生きていたわけではなく、誰よりも世の中のことや未来の世界のことを考えてデモに参加したり、抗議活動をしたりしていました。

サルトルの生き方を一〇〇％肯定することはできませんが、それでも自由に自分らしく生きるということと、今日だけを楽しむことをつなげて、それを見事に実践したその生きざまには憧れます。しかも山に籠って仙人のような生き方をしたのではなく、ちゃんと社会のことを考え、そこにも十分貢献した人物ですから。ぜひサルトルを見習って、人生一〇〇年時代にふさわしい今日楽主義的生き方のお手本となるよう、私自身が努めていきたいと思います。

これからは二山、三山超える人生だから……

これまでの人生はある意味で先が見えていました。どう生きるべきかというモデルがあって、皆それに従ってきたのです。たとえば、二〇代で仕事を始め、結婚もして、六〇代で引退するという生き方です。その後は老後を一〇年ちょっとすごし、男性であればもう七〇代で死んでしまう……。そんな人生です。まるで山登りをして、ピークがすぎれば後は下るだけのようなシンプルな道です。

そういう一山超えるだけの人生なら、一気に駆け登って、後は下るだけでよかったのでしょう。でも、人生一〇〇年時代はそうではありません。山あり谷あり、しかもどこがピークで、どこでどんなふうに道が終わるのかもわからない先の見えない旅なのです。

皆さんはそんな先の見えない長い旅をするときに、ずっと走り続けようと思うでしょうか？　おそらくそうではないでしょう。きっと「先は長いからゆっくり行こう」となるのではないでしょうか。景色でも楽しみながら。

いつ終わるかわからないとなると、その日その日を楽しむよりほかありません。だから私のいう今日楽的生き方がふさわしいように思うのです。

今日一日をゆっくりと楽しみながら生きる。それだけです。長い人生なので、おおまかな長期的プランは必要でしょう。でも、あまり考えすぎても仕方ありません。世の中が大きく変わることもあるでしょうから。

人間は、明日のことを考えすぎるから不安にさいなまれるのです。どうなるかわからないことに悩まされるのは愚かなことです。備えあれば憂いなしといいますが、備えがあまり意味がないなら、できる範囲でやって、あとは気にしないくらいが一番いいのです。

だから最近の私は、今日のことしか考えないようになりました。寝たら世界がどうなっているかなんてわからないのですから。「明日は明日の風が吹く」という諺ではないですが、明日のことなんて本当は考えても仕方ないのです。

とはいえ、「今日楽的生き方」は、今日だけ生きればそれでいいということではありません。あくまで一〇〇年という長い時間を楽しく生き抜くための態度です。そのためには、メンタル面だけでなく、健康や仕事、お金など、あらゆる事柄について長期的な視野が必要になってきます。次章以下では、その辺について論じていきたいと思います。

【2章】

一〇〇年を生きる身体を作る

——哲学ダイエットのススメ

一〇〇年を生きるためには、それに持ちこたえられるだけの身体が必要です。人生一〇〇年時代の身体論とは？

私が突然痩せたわけ

「哲学ダイエット」で一五キロの減量に成功

なぜ今健康ブームなのか？　そこには明らかに人生一〇〇年時代という背景があるように思えてなりません。

どうせ長く生きるなら、いつまでも健康でいたいと思うものです。平均寿命と健康寿命の差が大きいということは、つまり病気に苦しみながら晩年をすごす人が多いことを意味しています。病気に苦しんでまで長生きしたくはないという人は結構います。何を隠そう私が健康に目覚めたのも、人生一〇〇年時代を意識し始めたからです。

五〇歳を目前にして、毎年人間ドックでE判定を受けていたぜい肉だらけの身体を見て、ふとベッドで苦しみながらすごす晩年を想像してしまいました。たくさんのチューブにつながれて。その映像はやけにリアルでした。五〇歳を目前にして、ようやく真剣に自分の健康に向き合えたからかもしれません。その瞬間私は、肉体改造を決意したのです。単に痩せるというのではなく、筋力と持久力をつけることを目標に、運動を始めました。そうして実際に一五キロの減量に成功し、一年以上たった今もそれを維持しています。何より、運動も毎日続けています。

私が自宅でやっているのは、ランニングマシーンで三〇分間走ること、フィットネスバイクを三〇分間こぐこと、腕立て伏せ、腹筋などの簡単な筋トレを一〇分程度です。それでも毎日一時間ちょっと運動をしていることになります。

よくいわれるのは、なぜ毎日運動を続けられるのかということです。運動に限らず、ダイエット全般にいえることですが、これはモチベーションが鍵を握ります。

私は「哲学ダイエット」と呼んでいるのですが、毎日哲学すればいいのです。自分はなぜ運動するのか？　運動とは何か？　ダイエットとは何か？　なぜ健康が大事なのか？　そういうことを毎日考え、問い直すのです。普通は、ダイエットや運動を始める決心をした際にたった一度考えるだけで、あとはただの日課にしてしまいがちです。

でも、それだと疲れたときや、お腹がすいたときに誘惑に負けてしまうのです。言い換えると欲望に負けてしまうということです。欲望をコントロールできるのは理性だけです。だから理屈で考える必要があります。そうして改めて考えてみると、初心にかえるではないですが、冷静になれます。

人間はよくも悪くも忘れる生き物です。こういう決心のようなものは忘れてはいけないのに、やはり忘れてしまうのです。だからダイエットジムのプログラムなどでは、コーチがついて、マンツーマンで励ましてくれます。コーチは運動やダイエットのメニューを考えて指導してくれるだけでなく、モチベーションの面でも忘れがちな部分を日々思い出させてくれるのです。

その証拠に、ダイエットジムのプログラムをやめたとたん、リバウンドしてしまう人は少なくありません。いくらやるべきことはもうわかっていても、続けられなくなるのです。その点、哲学ダイエットの場合、自分の頭の中にコーチがいるわけですから、自分でモチベーションを確認し続けることができるのです。リバウンドすることもありません。

ダイエットを長続きさせるコツ①――運動第一主義

正直、人間ですから少し甘くなるときもあります。私もそうでした。でも、まずいと思ったらまた元に戻ります。逆に厳しすぎるのはよくありません。宴会シーズンや、忙しすぎる時期は仕方ないでしょう。

この忙しいというのがもう一つのネックです。運動を続けられない人の多くが、忙しさを理由に挙げます。私もそうでした。ずっとメタボだったのは、ずっと忙しかったからです。ただ、そんなことをいい出すと、引退するまで運動などできません。最近だと七〇歳くらいまで引退しませんから、それからではちょっと遅いといえます。七〇歳になるまでに身体をつくっておく必要があります。

そこで私が考えたのが、「運動第一主義」です。運動はしんどいものです。好きな人は別です。そもそもそんな人にはこんな話は必要ないでしょう。

ここでは運動をしんどいと感じる多くの大人たちに向けて書きたいと思います。そういう人は、日常の中で運動を最優先してください。つまり、一時間運動をすることを最優先して、そのために前後のスケジュールや体調を調整するのです。

たとえば、睡眠不足だと運動はできません。そのためには、まず仮眠をとるのです。それから運動をします。あるいは、満腹でも運動はできません。だから運動時間に合わせて食事の時間を変えるのです。仕事に関しては、本当にやらなければならないこと以外は、運動を優先する。これが運動第一主義です。これくらい徹底しないと運動はできません。

ダイエットを長続きさせるコツ②――「ながら」主義

それでも、そんなに時間をとるのは無理だとか、仕事が多すぎてだめだという人もいるでしょう。私もそうです。では、どうしているのか？　それは運動しながら仕事をするのです。これなら今まで通りの仕事量を確保しつつ、運動もできます。

私が家庭用のランニングマシーンやフィットネスバイクを使っているのは、時間をできるだけセーブして、かつ今まで通りの仕事量を確保するためです。そのための投資だと思えばいいでしょう。最近は安く売っていますから。スポーツジムに入会したり、ダイエットジムに入会するよりよっぽどお得です。何より先ほど書いたように、ジムに通う時間がセーブできます。また、自宅ならいつでもできるという手軽さもあり、毎日続けられます。

具体的に私がどのようにこれらのマシーンを使って、同時に仕事をしているのか紹介しましょう。

まず、ランニングマシーンでは、三〇分間時速五キロのペースで走ります。軽いランニングくらいのスピードです。これ以上スピードを上げると、ほかのことができなくなるからです。とはいえ、走っているので、あまり目は使えません。本を読むと視力を痛める可能性もあります。したがって、主に耳を使います。たとえば、仕事に関係のある情報を得るために、YouTubeで講演を聞いたり、音声読み上げソフトで文章を聞いたりします。仕事には直接関係なくても、自己啓発という意味で語学の学習をすることもあります。

フィットネスバイクについては、もうほぼ静止しているのと変わらないので、パソコンを固定して、普通に仕事をします。負荷をかけているので、ゆっくり自転車をこいでいても、十分運動になります。私のバイクはパソコンを置けるようになっているので、そのうち運動をしていることすら忘れて仕事に集中し始めます。もちろん本や資料を読むことも可能です。

このやり方は、二重の意味でメリットがあります。一つは、運動しながらなので、頭が活性化する点です。もう一つは、一石二鳥で毎日お得感がある点です。充実した生活を送っているのが実感でき、心身ともにプラスになります。

私は運動の後にシャワーを浴び、ビールを飲みますが、罪悪感はまったくありません。せっかく運動したのに、ビールを飲むのかと思われる方もいるかもしれませんが、マイナスにはなりません。むしろご褒美ですから、必要だとさえいえます。報酬があると、人はまたやる気になるからです。いわゆる報酬系です。人間のメカニズムはうまくコントロールしなければなりません。

中高年こそ筋トレを！

筋トレの四つの効用

東北大学特任教授の村田裕之さんが、「スマート・エイジング」という概念を提唱されています。それは、「エイジングによる経年変化に賢く対処し、個人・社会が知的に成熟すること」だといいます。文字通り賢く上手に年をとりましょうということだと思います。そのために運動、認知、栄養、社会性という四つの条件を掲げています。中でも私が着目したいのは、中高年にとっての筋トレの効用です。

村田さんは、中高年が筋トレをすることによって、次の四つの効用が得られるといいます。つまり、①膝や腰の痛みの軽減・解消、②太りにくくなる、③冷え性や体のコリの解消、④疲労回復の向上です。これらはいずれも中高年にとっての大敵といえます。私の実践経験からいっても、たしかにすべて当てはまっているように思います。

私はちょっと走ると膝が痛くなったりしていたのですが、筋トレをし始めてからそれがなくなりました。毎日ランニングマシーンを使っていても大丈夫なのですから。やはり筋肉が骨を支えているのです。

体重が減ったのは先ほど書いた通りです。冷え性はなかったのですが、肩のコリ。これは私の持病のようなものですらありました。ところが、それもいつの間にか消えてしまいました。何より、疲れがたまりにくくなったのが最高の効用です。いつも六月くらいから夏バテしていましたが、今年はそれもありませんでした。

筋肉はドレスであり、アクセサリーである

若いうちは特に運動などしていなくても、持ち前の生命力で乗り切れることが多いですが、年をとるとそういうわけにはいきません。だから中高年こそ運動をすべきなのです。

それでも重い腰を上げない中高年のために、もう一つとっておきの筋トレの効用を付け加えておきましょう。それは「もてる」ということです。いや、正確にいうと、自分に自信が持てるということです。男性も女性も、筋トレすることで体が引き締まります。そうすると、見かけもよくなるのはもちろんのこと、気持ちの面でも自信を持つことができるのです。

自己管理がきちんとできているという意味でもそうですし、人に見られても恥ずかしくないという意味でもそうです。

人間はなんといっても動物です。たかが見かけですが、されど見かけなのです。筋肉はその人の身体、そして精神の強さを象徴しているわけです。

さらに「もてる」というのも嘘ではありません。自分に自信を持っている人は、魅力的に見えるものです。中高年だってもてたいはずです。ましてや人生一〇〇年時代、たとえば夫が早く亡くなったからといって、女性が何十年も一人で晩年をすごさなければならない理由はありません。結婚も一度とは限らないのです。男性にとってもそうですが。

人間、いつまでも魅力的でありたいものです。筋肉は何にも代えがたいドレスであり、アクセサリーだといえます。

その都度の美しさを追求するのがいい

私が中高年にダイエットや筋トレをすすめていると、もう手遅れだというような反応をする若い人がいます。年をとって若作りをするのは「痛い」というわけです。たしかに、中高年が高校生みたいな恰好をしていたら「痛い」のかもしれません。彼らと同じようになるには、すでに手遅れでしょう。

でも、その都度の美しさを手に入れるのは、いつでもできることです。つまり年齢に応じたベストの美しさを追求すべきなのです。そのためには、外見も内面も年齢に応じた磨き方があるということになります。そうすることで私たちは人を魅了することのできる美しい花でいられるわけです。決して年をとったら枯れてしまうわけではないのです。

これは能の世界の美しさについて世阿弥が説いた思想にもつながるものです。世阿弥は『風姿花伝』の中で、長い年月を要する能の修行方法について書いています。役者の生涯を七期に分けて解説した「年々稽古条々」です。世阿弥によると、年齢や身体の変化に応じた稽古があるといいます。

そこで論じられているのは、まさに年齢に応じた花の咲かせ方だといっていいでしょう。たとえば、少年時代に咲く「時分の花」から、芸能者としての生涯を左右する「まことの花」への高まり。少年時代には、少年の魅力としての時期的な花を自覚しつつ、基礎をしっかりと身に付けなければならないということです。その時期を乗り越えると、二〇代半ばの新人として喝采を浴びるようになります。ただし、ここでの人気はあくまで当座のものにすぎません。世阿弥はこの状況を「当座の花」と呼んで、「まことの花」とは区別しています。

「当座の花」は新人の珍しさに対する評価にすぎず、真の実力ではないというわけです。そこを取り違えると、いつまでたっても「まことの花」に至ることはできません。この厳しい自己認識を経て、ようやく三十代半ばから四〇歳にかけて「まことの花」を体得する時期が訪れるのです。それはその時点でどれだけ世間に評価されているかでわかるといいます。成功するためには、稽古の正しい積み重ねが不可欠だということです。

能の世界に限らず、私たちは年齢に応じて、自分にふさわしい花を咲かせるべく努力しなければなりません。服装も運動も内面磨きも。そういう美の追求の仕方であれば、周囲の人に「痛い」といわせるようなことはないでしょう。そうではなくきっと周囲を「胸キュン」させるに違いありません。

運動と同じくらい重要な食事

ダイエットに成功すると食事の意識が変わる

運動と同じくらい重要なのが食事です。人によっては食事のほうが大事だという人もいます。そこで本章の最後に人生一〇〇年時代の食事についてお話ししておきたいと思います。

そもそも食べるとはどういうことか？ 私にいわせると、それは理想の自分になることだと思います。大げさかもしれませんが、何かを食べることで私たちは成長していくのですから、食べ物によって成長をコントロールすることができるわけです。つまり食べることで理想の自分になるともいえると思うのです。

ただ、そんなことに気づいたのは、一年ほど前からです。それまでの私は食べることは好きでも、まさかそれが理想の自分になることだなどとは思っていませんでした。むしろ食べることで、自分を醜くしていたのですから。ブクブクと太って。

ところが、その意識は運動を始めると同時に変わっていきました。最初ダイエットを始めた頃、一気に成果が出ないと挫折すると思って、糖質制限を試みたのです。いわゆる炭水化物を抑える食生活です。

それでもおかずはたくさん食べてよかったので、肉などを中心に割と楽しみながら実践することができました。今は流行《はや》りでもあるので、コンビニにもロカボフード（低糖質食品）が並んでいます。だから割と簡単に糖質制限できます。おかげで効果は抜群でした。

でも、いったんやせると、いつまでも制限された食事で生きていくのが嫌になり、なんでも食べるようになりました。しかし、元に戻ったわけではありませんでした。ご飯や麺などの炭水化物は摂りすぎないようになりましたし、その分おかずをしっかりと食べています。また、食材の鮮度にもこだわるようになりました。せっかく食べるなら、新鮮で健康にいいものをとりたいと思うようになったのです。

一度食べ物を意識すると、こういうふうに意識が変わるのです。その意味では、たとえ一時期であっても糖質制限をやってよかったと思っています。

いい食材、新鮮な食材は人生一〇〇年のための投資

身体が大事だと認識すれば、その身体を作っている食事に気を配り始めるのは当然のことなのかもしれません。特に一〇〇年ももたせる身体を作るには、日々の食事がより重要になってきます。これは何も寿命のためだけではありません。病気をすることなく、一〇〇年を生き抜くには、それなりのケアが不可欠だということです。

そのためには当然お金もかかります。いい食材、新鮮な食材は安くはありません。ご飯でお腹を膨らませておくのが一番安上がりです。でも、それでは太るだけです。だからお

金がかかるのです。

むしろ、それは人生一〇〇年のための投資だと考えるべきでしょう。よくいわれるように、病気になったらもっとお金がかかりますし、その間働けないとしたらさらにマイナスです。日ごろの食べ物でそれが未然に防げるなら安いものでしょう。

さらに、食事のことに気を遣うのは面倒だという人もいますが、これも発想の転換が必要です。食材や料理に関心を持つということは、趣味が増えるのと同じです。私の場合、今おいしいエスニック料理に凝っているのですが、そうすると既存のサンバルソースやチリソースだけでなく、自分でナンプラーを使ったエスニックソースを作り出したりします。その話を外ですると、料理好きな人と話があったり、いいお店を紹介してもらえたり、どんどん世界が広がるのです。だから食事を趣味にすればいいのです。ワインを趣味にしている人と同じです。

かつてはワインが紳士淑女のたしなみみたいな部分がありましたが、これからは紳士淑女は食事全般に興味を持つ時代です。単にたしなみというだけでなく、理想の自分を作るために。

ずっとつながっていられる「コミュ力」を養う

身体の話をしているときに、なぜ「コミュ力」、つまりコミュニケーション能力の話になるのだろうと思われた方もいるかもしれません。でも、コミュ力は身体と大いに関係があります。そもそもコミュ力とは言葉だけで成り立っているものではないからです。

もちろん言葉が大事なのはいうまでもありません。しかし、人とうまくコミュニケーションをとっていくためには、それ以前の根回し、雰囲気作り、そして目の前にいるときも距離や、ジェスチャー、ボディタッチまで、あらゆるものをうまく組み合わせる必要があるのです。

フランスの哲学者メルロ＝ポンティにいわせると、むしろ身体が勝手にコミュニケーションをとっていることさえあるのです。たしかに私たちは、人と話すときなど、意識せずとも適当な距離をとっていることがあります。あれは意識とは別に身体同士が独立してコミュニケーションをとっている証拠だともいえます。

そこまでいかずとも、私たちは意識して身体をうまく活用し、コミュニケーションをとっているといっていいでしょう。親しみやすさを醸し出すためには、近い距離で話し、あえてボディタッチをするなど。これは同性間でも行われることです。

もっというなら、別に狭い意味での身体の動きにこだわらずとも、そもそも言葉のやりとりだって身体を使ったコミュニケーションだといえます。実際、言葉は口から出るものですし、常に表情を伴います。そして表情によって言葉の意味は変わってくるのです。怒った顔で「バカ」というのと、笑顔で「バカ」というのとでは、同じ言葉でもまったく意味が変わってきます。

その意味で、コミュ力を磨きたい人は、身体全体を磨いていく必要があると思うのです。そして人生一〇〇年時代には、そうしたコミュ力が大きな意味を持ってくるように思うのです。なぜなら、人間関係が長いスパンで続くからです。

人と人の関係というのは、この世の中で最も大切な関係だといっても過言ではないでしょう。好かれていれば得をするし、嫌われていれば損をするのです。たとえば人事は、「人がやる事」だから人事なのです。ということは、誰を出世させるか、誰を採用するかなんて、人が決めるしかないわけです。そこで好かれていれば、得をするに決まっています。人生が長くなると、そんな人間関係が長く続くということです。

でも、人生が長く続いても、人間関係に間が空くと忘れられてしまいます。人間関係が希薄になっていくのです。これはまた気まずいもので、間が空くとかえって会いにくくなったりします。そこで、人生一〇〇年時代には、長い間続くような人間関係を維持し続けなければなりません。その際威力を発揮するのが、卓越したコミュ力なわけです。

卓越したコミュ力とは、つまりしばらく会わなくても、ずっとつながっていられるような力です。そのためには、時々メンテナンスをする必要があります。さすがにどんなにインパクトがあっても、二〇年間会わなくて、急にコンタクトをとってもダメでしょう。その間に何度かまめに連絡をしておくべきなのです。

かといって、一〇〇年間みんなと濃い付き合いをするのは無理です。全員に年賀状を出していればそれでいいというものでもないでしょう。そんな形式的なコミュニケーションより、もっと相手の印象に残る気遣いあふれるコミュニケーションをとっておくのです。ふと連絡して、相手の状況を気遣うとか。事前に誰かから聞いておいて、その人のファミリーイベントを調査したうえでねぎらいの連絡をすると効果は抜群でしょう。家族が増えたとき、逆に誰か近しい人が亡くなったときなどに。

自分に何かいいことがあったときに自慢げに連絡するだけではいけません。そういう話はどうせ誰かから伝わっているはずでしょうから。逆に相手が困っているとき、悲しんでいるときにこそねぎらいやいたわりのメッセージを伝えるべきです。そうすれば、いつまでもつながっていられるに違いありません。そして、いざというとき力になってもらえるのです。

最後にコミュニケーションのテクニック的な話もしておきましょう。人間関係をつなげるためのコミュニケーションだけでなく、人前でいい印象を与え、うまく説得し、人生をいい方向に持っていくためのコミュニケーション技術もあります。そういう能力を身に付けておけば、それは色々なところで役立つでしょう。とりわけ人生一〇〇年時代は転職の時代でもありますし、また多くの人と出会う時代でもありますから。

私がコミュニケーションの際に日ごろから心がけていることは一つだけです。それは、相手を気持ちよくさせることです。気持ちよくさせられて嫌な気分になる人はいません。過剰にやるのは逆に慇懃無礼《いんぎんぶれい》ですが、さりげなく持ち上げるのです。それは以外と簡単で、単に相手のいっていることを否定しないだけでも十分ですし、「なるほど」とか「たしかにね」とか、場合によっては「さすが」などというだけで、相手は肯定されたような気になります。

私は長年「哲学カフェ」を主催しているのですが、ファシリテーターとしていつもこの点を心がけています。だから参加者からはよく「すごく気持ちがいい」などといってもらえます。ぜひ人とコミュニケーションをとる際は、この一点だけでも意識してみてください。人間関係が円滑になるに違いありませんから。

【3章】

人生一〇〇年基準の社会とは

人が一〇〇年生きてしまう人生一〇〇年時代を前提にした社会制度の転換が求められます。世の中の仕組みはいったいどう変えていくべきなのでしょうか？

日本はどういう社会を目指すべきか

「生まれてこないほうがよかった」というネガティブ思想

人生一〇〇年になるということは、個人の生き方が変わるだけではありません。それに合わせて社会も変わる必要があります。

今の社会は、せいぜい人生八〇年程度を前提に設計されています。いや、多くの制度はかなり昔からあって、あまり変わっていませんから、もしかしたら人生六〇年程度を前提にしているといっても過言ではないでしょう。その証拠に、いまだに六〇代で仕事を辞めるのが当たり前といった風潮があります。これはもうその後は消化試合のように捉えているからです。

いまだに還暦を祝っていますが、見た目も四〇代くらいと変わらない元気なおじさんやおばさんが、昔のおじいさんやおばあさんのように赤いちゃんちゃんこを着て祝っている姿には、なんだか違和感を覚えます。

還暦とは、干支《えと》が一巡して、誕生年の干支に還ることから、第二の人生を送るための儀式のように位置づけられているものです。とするならば、人生一〇〇年時代にはふさわしくないでしょう。六〇歳はまだ人生の途中です。第二の人生は八〇歳くらいからでいいのですから。いや、第二とか第三の人生という発想すら不要なのかもしれません。いずれにしても、こんなに早い引退の概念は捨て去る必要があります。

いくつで引退するかにかかわらず、そもそも引退した後、どういう生き方をするのがいいか、これまで私たちは真剣に考えてきたとはいえません。だから定年後急に認知症になる人や精神を病む人が出てくるのです。地域社会に参加したくても、その方法もわからない。寿命と健康寿命のギャップもそうです。

社会全体が八〇歳や九〇歳まで生きることを前提に社会制度を整えていれば、誰もが九〇歳まで健康でいられたはずです。あえていうなら、これまで私たちは、定年後働けなくなった人たちを、社会のお荷物であるかのように扱ってきたのです。だから社会保障費がかさむなどとネガティブな言い方をするのです。

もしこのままの制度で人生一〇〇年時代が進行していったらどうなるか。おそらく生きづらいと感じる人たちがたくさん出てきて、個人にとっても社会にとっても灰色の時代が到来することでしょう。

中には、長く生きるのがつらいとか、嫌だと思うような人が出てくるかもしれません。その兆候は既にあります。反出生主義が人口に膾炙《かいしゃ》しつつあるのは、もしかしたらこうした人生一〇〇年時代の生きづらさへの不安の裏返しだといえばいいすぎでしょうか。

反出生主義とは、人間は生まれてこないほうがよいと考える思想的立場のことです。南アフリカの哲学者デイヴィッド・ベネターの著書『生まれてこないほうが良かった』（すずさわ書店）によって有名になった概念です。生まれてくると必ず苦痛を経験するなら、人間は生まれてこないほうがよいということになると論じたのです。

ベネターは、実際のデータを見ても、その結論がいかに正しいかを示しています。たとえば、毎日約二万人が餓死し、毎年事故によって三五〇万人が死に、二〇〇〇年には八一万五〇〇〇人が自殺しているというのです。だから私たちは、いわば道徳的義務として、避妊や人工妊娠中絶をすべきで、さらには段階的に人類を絶滅させていかねばならないとまで主張します。

その説得力のせいか、日本でもこうした考えが議論され始めたり、小説のモチーフになったりしているようです。ただ、いくら論理的に正しくとも、このようなネガティブな思想とともに生きていくのは、人類にとって不幸です。人生一〇〇年時代をそんな不幸な時代にしてしまわないためには、社会の制度を大転換する必要があります。

急ぎすぎて歪《ひず》みを生んでしまった日本人

どんな働き方がいいのか、社会保障はどうあるべきか、教育はどうあるべきか。各論について論じる前に、まずはどういう方向に転換すべきか、大きなビジョンを提案してみたいと思います。

一言でいうと、日本社会は減速すべきだと思います。これまで私たちは急ぎすぎたのではないでしょうか。経済もテクノロジーも。これは最近始まった話ではなく、近代以降ずっとそうでした。そのせいで何度も歪みが生じてきました。その最初の大きな歪みは、第二次世界大戦だったといっていいでしょう。

明治維新以来、欧米に追い付き追い越せで、日本は無理に欧化政策を進めてきました。帝国主義まで真似して。その結果、日清戦争から日露戦争を経て、第二次世界大戦へと突き進んでいったのです。

日本が焼け野原になってしまったのは、ある意味で無理をしたからです。そこで帝国主義や戦争については反省をしたわけですが、無理をするという点については、なんら変わることがありませんでした。よくいえば、あきらめずに頑張れる国民性ですが、同時にそれが無理をしてしまう国民性であることを指摘する人は多くありません。特に戦後の文脈においては。

戦後の高度経済成長は、称賛の対象であり、いまだに経済成長のモデルになっているのがその証拠です。しかし、あえて負の側面に目を向けると、高度経済成長は格差だけでなく、環境問題も生みましたし、何より今につながる社畜、残業、過労死といった働きすぎに起因する問題ももたらしました。

それだけではありません。過剰な競争が学歴偏重社会を生み、オウム真理教事件や社会に恨みを持つ者による凶悪な殺傷事件、あるいは引きこもりやうつ病といった歪みをもたらす遠因になったといってもいいでしょう。

私たちは勤勉な人種として世界から称賛される一方で、異常な働き方や過剰な受験競争については蔑《さげす》まれてきたことをもっと自覚すべきだと思います。今働き方改革が進んでいますが、遅ればせながらようやく日本人も自分たちの異常さに気づきつつあるのです。

加速主義では資本主義の行き詰まりを解消できない

奇しくも人生一〇〇年時代は、誰もが長い時間を生きる時代です。無理に突っ走る必要はありません。また、過剰に競争する必要もありません。受験競争が激化したのは、みんなが一斉にスタートを切り、同じゴールに向かって走るという人生モデルしかなかったからです。だから一〇〇メートル走の如《ごと》く激しく競い合ったのです。

でも、人生一〇〇年時代はもっと長い道のりです。しかも先の見えない山あり谷ありの道のりなのです。途中で止まろうが、再スタートしようが自由です。つまり競争とは無縁なのです。

今、思想の世界には加速主義と呼ばれる考え方が台頭しつつあります。資本主義の行き詰まりを、なんと逆説的に資本主義を加速させることで解決しようという発想です。どうやって加速させるかというと、テクノロジーによってです。インターネットやＡＩを使って、より効率的にすれば、問題を解決することができるはずだというのです。たとえば、ＡＩが資本主義のもたらす格差を是正してくれるというように。

でも私には、それもまた無理をしたやり方に見えて仕方ありません。日本社会が明確に加速主義に向かっているとまではいいませんが、昨今のＡＩ導入の狂騒ぶりを見ていると、どうもそっちの方向に走っているのではないかと思えてならないのです。

だから私はこの加速主義をもじって、減速主義を唱えたいと思います。また無理をするのではなく、今度こそは減速して、のんびり進むということです。急《せ》いては事を仕損じるとはよくいったものです。これに関連して、かつて私は、ポピュリズムに対抗するにはスローイムズが必要だと主張したことがあります。

個人は今日楽的に、社会は減速主義を

アメリカのトランプ大統領は、多様な意見に耳を貸さないポピュリズムの典型とされます。そのトランプが大統領選に勝利した要因の一つに、フェイクニュースの存在が挙げられました。人々ができるだけ早くニュースを知りたがる傾向にあることから生じた問題です。よく事実を確認もせず、ネットのニュースを信じ込むのです。

これを受けて既存のテレビや新聞メディアは、ブレイキングニュースのような速報を出す姿勢を改め、事実をよく吟味したうえでニュースを報じるスローニュースという方針を掲げ始めました。そうしたじっくりと事実を吟味する態度そのものを、私はスローイムズ

と呼んだのです。

減速主義は、このスローイムズをさらに敷衍《ふえん》して、もっと生きること自体を楽しむゆとりある物事の進め方を意味しています。前に提言した「今日楽的生き方」に符合する思想といっていいでしょう。個人が今日楽的に生きるために、社会は減速主義を原則とする。それが今後私たちのとるべき方向性だと思うのです。

減速主義に基づけば、経済成長はもはや最優先事項ではなくなります。今日本は世界第三位の経済大国です。もうこれ以上、上を目指す必要などないでしょう。それは発展途上国のやることです。

私たちは成熟国家になった事実を受入れ、一刻も早く無理するのをやめることです。今の日本社会は、皮肉にも高齢になった体と同じで、高齢化している現実を受け入れられず、八〇歳になっても若い頃と同じように一〇〇メートルを全力で走ろうと無理をしているように見えて仕方ありません。

今、私たちは大きく価値観と発想を転換する必要に迫られているのです。奇しくも日本が人生一〇〇年時代を迎えるのと時を同じくして、地球そのものもこれまでとはまったく違う状態に突入しようとしています。

先ほど高度経済成長が環境問題をもたらしたといいましたが、そのせいで大気や海洋が汚染され、地球が温暖化してしまいました。その結果、地質学上「人新世（アントロポセン）」と呼ばれる段階に入ってしまったといわれています。地球誕生以来、はじめて人間が自然に影響を与える時代になったということです。しかも悪影響です。

もちろんこれは日本だけのせいではありませんが、経済大国日本がその裏で地球を破壊してきた事実は否めません。その点でも、私たちは大きく発想を変える必要があるのです。人新世は、今やさまざまな分野で人々に新たな発想を余儀なくしています。これまで自明の前提とされてきた人間中心の考え方、発展ありきの考え方に疑問符が投げかけられているのです。

私の唱える減速主義は、そんな人新世と軌《き》を一《いつ》にしつつ、これからの時代を考えるうえでのキーワードになってくると思います。こうした大まかなベクトルを前提に、以下では具体的な問題について考えていきましょう。

働き方はどう変わるか

大杉潤さんが提唱する「トリプル・キャリア」とは

まずは働き方です。『定年後不安』（角川新書）の著者大杉潤さんは、「トリプル・キャリア」という考え方を提唱しています。

大杉さんは、定年後の三大不安として、カネ、孤独、健康を挙げたうえで、それらを一気に解決する方法として、八五歳まで現役で働くことをすすめています。そのための方法がトリプル・キャリアなのです。

つまり三段階のキャリアを計画的に経ることです。第一のキャリアは、会社員として「雇われる働き方」です。これは多くの人が経験するものだと思います。次の第二のキャリアからが重要なのですが、まず遅くとも六〇歳の定年時から、あるいは五〇代後半から準備を始めるといいといいます。ここではフリーランスなどの「雇われない働き方」をすすめています。

これに対して、第三のキャリアは、「理想の働き方」をすべきだといいます。七五歳前後の後期高齢者になる頃に、仕事内容、時間、場所、仲間などすべてについて自分の好きなものに絞り込み、自由に働くライフスタイルです。

たしかにこの第三のキャリアの部分がユニークだと思います。ここからのキャリアは、これまでにはなかったものです。人生一〇〇年時代だからこそ真剣に考えなければならない部分でしょう。

とはいえ、七五歳以降、たとえば八〇代になってくると、さすがに第二のキャリア以前のような活躍をするのは難しくなってくるはずです。

そこで、最後は好きなことを無理なくやる形にすべきだというのです。それを実現するために鍵を握るのが、実は第二のキャリアだといいます。いわばこの段階で何をどうやるかが、第三のキャリアの準備になっているわけです。

合理性がなくなった「石の上にも三年」という発想

そう考えると、今後は最初のキャリアから一〇〇年を見越して、計画的にキャリアパスを経ていく必要があります。最後に理想の働き方をし、生涯現役でいるために、長期的視点でキャリアを捉えなければならないのです。

とはいえ、長い人生何が起こるかわかりません。長期的にキャリアを考えつつも、その都度修正をしていくことを余儀なくされるでしょう。この修正の柔軟さも、人生一〇〇年時代のキャリアパスには重要な要素になってくるはずです。常に長期的な展望を持ちつつ、それでいて柔軟に修正できる力。それこそが一〇〇年という長い航海を無事に成功させるためのコツだといえます。

したがって政府や企業も、労働者が少なくとも三つのキャリアを経ることを念頭に置き、制度設計していく必要があるでしょう。

ちなみに、三つのキャリアが三つの仕事を指すとは限りません。とりわけ第一キャリアの時点では、何度も転職をする人だっているでしょうから。つまり、転職がしやすい風土や制度を作っていく必要があるということです。

転職というと、私の若い頃はマイナスイメージで捉えられました。石の上にも三年といったアナクロニズムなお説教をしてくれる先輩や上司もいました。しかし、自分がよりやりたいことをやるために、あるいは社会により貢献できることがあるときに、なぜ三年も待たなければならないのでしょうか。そこにはまったく合理性はありません。

たしかに、ある仕事での忍耐力や基礎を身に付けるという意味では、それくらいの期間がいるということなのかもしれませんが、何も仕事で忍耐力を身に付ける必要はありませんし、基礎だって数か月で習得できる場合もあります。三年で辞めるとか、一年ももたないとかいった言い方は、もう中学や高校の部活のノリでいっているとしか思えません。

ましてや雇用が流動化し、企業でさえ一年契約で社員を斬る時代に、どうしてこちら側が三年だとか数年同じところにいることを前提に働かなければならないのでしょうか。

人生一〇〇年時代ともなればその意義はますます薄れていきます。なぜなら、転職によってキャリアチェンジしていくのが基本になるからです。物事にはタイミングというものがあります。変わることが原則になったときから、タイミングこそが最優先事項になってくるのです。

だから転職はフィーリングでやればいいと思います。何度変わろうが何も問題ないのです。いや、そういう人を問題視してはいけません。それが当たり前と捉えるべきです。その意味では、年度単位で書かせる履歴書も改める必要があるでしょう。数か月で転職する人も増えてくるはずですから。

全国転勤とテレワークの拡大が副業の拡大を妨げる

転職と同じく、認識を大きく改める必要があるのが副業です。ようやく日本社会でも解禁になりましたが、まだまだ副業は肩身の狭い思いをしなければできないのが現状です。兼業といわれるように、何か本業があるにもかかわらず、小遣い稼ぎをしているように見る風潮があるからです。

しかし、副業が認められだしたのは、そもそも企業が社員に十分な給料を払うことができないからです。ひいては政府がそうした社会を作れていないからです。その意味では、政府も企業も真摯《しんし》に反省する必要がありますし、副業させて申し訳ないというくらいの気持ちにさえなるべきだと思います。

ただ、そんなふうに副業を捉えるだけではやるほうもつらいので、もっと前向きに位置づけていく必要があるでしょう。つまり、副業をすることで、社員は相乗効果を得られるということです。

政府や企業も表向きはそのようなことをいっていますが、どう考えても後付けです。本気でそう思っているなら、もっと副業しやすい環境を作るべきでしょう。そのためには、勤務場所だとか勤務時間などで社員を縛り付けてはいけません。完全に裁量労働にすべきです。結果さえ出していれば、いくつ副業を持とうが、いつどこで何をしていようが構わないというくらい。いや、副業のために自社のオフィスを提供したっていいでしょう。相乗効果で元がとれるはずなのですから。そのうえきちんと社員の福利厚生は図る。これが正しい態度だと思います。

ところがどうでしょうか、今の日本の企業はその反対のことばかりしています。たとえば、ベストセラーとなった『未来の年表』(講談社現代新書)の続編、『未来の年表2』(同)の中で、著者の河合雅司さんは、企業にできることとして全国転勤をなくすことと、テレワークを拡大することを挙げていますが、まさにこれが社員の副業を阻む二大害悪でもあるのです。

日本の転勤は悪名高く、家族の事情によって単身赴任を余儀なくされるケースが多々あります。そうすると、どうしても子育てに影響してくるというのです。少子化の原因の一つだといっても過言ではありません。だから企業が努力して、なんとか全国転勤をなくす、あるいは段階的に減らしていくべきだというわけです。

そしてこれは副業を制限する原因にもなります。社員は一つの会社のためだけに働いているわけではないのに、急に転勤させられたら副業に支障が生じるからです。転勤制度と副業の奨励は矛盾するのです。

テレワークの拡大についても、転勤と同じく子育ての弊害になっている長時間通勤を解消することができるといいます。たしかにＩＴを使って在宅で仕事をすれば、子育てと両立できるのは確実です。どうしてわざわざ上司や部下と顔を合わせて同じ時間同じ場所で働かないといけないのか。

もちろんそのほうがニュアンスが伝わるというのはよくわかります。でも、費用対効果だと思うのです。ケンカしてどうしても会って話さなければならないとか、トップ同士が契約のために顔を合わせないといけないとかいうケースは別ですが、たいていはスカイプの会議でも問題ないはずです。うまく伝わらないのは、機器の習熟の問題であって、根本的な問題ではありません。むしろ日本の悪しき集団主義がもたらす気持ちの問題のほうが大きいのです。しかしそこは変えていかないと、人生一〇〇年時代を乗り切ることはできないでしょう。

何より、テレワークを進めて社員を解放しないと、事実上副業は難しくなります。テレワークに消極的な会社が副業など口にしてはいけません。まずはそこから変えていくべきです。

こうして企業が本気で副業を評価し始めたとすると、おそらく副業はもはや「副」ではなくなるでしょう。そこで「複業」と表現する人もいますが、私にいわせるとその状態こそがノーマルな職業にほかならないのだと思います。だからあえて副業だとか複業だとか呼ばなくてもいいのです。誰でもいくつかの仕事をやっているのが当たり前なら、何も特別な名称はいらないでしょう。

人生一〇〇年時代はそうした状態が当たり前になるかもしれません。人生一〇〇年時代はただ長いだけではなく、実は何重にもパラレルワールドのように人生を送ることができる時代なのです。誰もがマルチタレント、ルネサンスマンになれるのです。

「ハタラク」から「ジタラク」へ

働き方の最後に、かねてから私が唱えている「ジタラク」という概念について言及しておきたいと思います。すでに本や雑誌のインタビューなどで主張しているのですが、これからの時代は、どこでいくつ仕事をするにしても、とにかくこれまでとは違った態度で臨む必要があると思います。

これまで日本では、働くことは基本的に家族のため、会社のため、ひいては社会のためでした。だから自分を犠牲にしがちだったのです。いわゆる滅私奉公です。しかし、それがだめだとか間違っているといわれると、今度はその対極にある自分だけのために働くというわがままな態度になりがちなのです。

そうではなくて、私たちが社会の一員である以上は、やはり自分だけでなく「他者も楽にする目的」で働かなければなりません。そうでないと、どうしても無責任な態度をとってしまうからです。たとえば、いくら転職の時代だといっても、急に辞めては会社にも迷惑がかかります。

と同時に、自分も他者も楽しんで働く必要があると思います。なぜなら、仕事が苦だと一〇〇年も続かないからです。他者も楽しませるというのは、みんなと楽しく働くということです。

人間関係は働くことの意義に大きな影響を与えるものです。だから他者を楽しませるという意識を持っていないと、結局は自分が苦しくなってしまうのです。

以上のような働き方を、自他を楽にし、自他が楽しむという意味で「自他楽（ジタラク）」と呼んだわけです。ハタラクからジタラクへ。なかなかこの言葉が広がっていないことをみると、おそらくみんなまだまだ古い働き方にとらわれているのでしょう。私は誰もがジタラクと言い始めるまで、機会があるごとにこのことを訴え続けるつもりです。

社会保障をどう変えるべきか

国民は政府の愚行の共犯者

次に社会保障の話にうつりましょう。資産形成に関する金融庁のまとめた報告書が話題になりました。老後資金が二〇〇〇万円不足するというショッキングな表現が国会で取り上げられ、メディアを通じて一気に広まったからです。

たしかにそこだけ捉えると、いかにも人生一〇〇年時代に起こりそうな、信憑性《しんぴょうせい》のある問題点の指摘だといえます。もちろん、これは平均的な生活を送る人が、平均的な年金収入のみで生活するとした場合の試算であって、あくまで一つのシミュレーションにすぎません。おそらくそんな人はあまりいないでしょうから、実は例外的なサンプルだといってても過言ではありません。数字というのはつくづくいい加減なものです。

ただ、常識的に考えても、お金をめぐっては国家も個人も今まで通りの発想でやっていけないことはたしかです。今でさえ長期債務を抱え、かつ高齢化していく社会の中で、政府は税収の確保に手をこまねいています。社会保障に回すお金は増える一方なのに、財源がないのです。

そもそも選挙のたびに新しい社会保障手当を創設しますが、一度お金を出すことにすると、そう簡単にはやめられません。にもかかわらず、財源の目途もなく近視眼的にバラマキを行うのがこれまでの政治のやり方でした。

国民も今日明日の生活に困っている人たちが多いので、そうした政策を支持することで、結果的に政府の愚行の共犯者になってきたのです。

あらゆるピンチはチャンスに転換可能

しかし、人生一〇〇年時代の到来を目前に控え、もはやそのような姿勢ではいられません。国民は自分の首を絞めることになりかねないからです。

ではどうすればいいのか？　政府は正直に、国民に対してある程度の自助を促すメッセージを発信する必要があるでしょう。と同時に、国民も資産形成についてのリテラシーを高め、できるだけ早いうちから長期的な老後資金の計画を立てるべきです。

すでに公的年金は、所得代替率が今後五割になるといわれています。つまり、現役時代の所得に対して半分しか年金が得られないということです。政府は公的年金の水準が下がることをもっと明言しなければなりません。

これは脅すということではなく、正確に事実を伝えるということです。そうすれば、国民はいやがうえにも資産運用や金融包摂《ほうせつ》、そして資産管理などにもっと関心を持つようになるはずです。

こうした問題はいかにも危機のように聞こえるかもしれませんが、必ずしもそうではありません。あらゆるピンチはチャンスに転換可能です。いずれも新たなビジネスチャンスにすることができます。

たとえば資産管理。今、団塊の世代が高齢化し、二〇二五年に七五歳以上の人口が急増するといわれます。いわゆる「二〇二五年問題」です。そうすると、必然的に資産管理をできない人の数も増えてくるでしょう。認知症の人はどうやって資産管理すればいいのか。そういった仕組みについてはまだまだ発展途上です。

したがって、人生一〇〇年時代の資産管理のあり方を新たなビジネスチャンスとして捉えれば、社会にとっても個人にとっても決してマイナスにはならないはずです。大事なことは、この危機をイノベーションのチャンスと捉えられるかどうかです。

社会保障は超越的デザインの発想で制度設計を

その点で参考になるのが、MITのエイジラボで所長を務めるジョセフ・F・カフリンの著書『人生100年時代の経済』（NTT出版）です。

カフリンは、まず高齢者像自体の転換を提案しています。私たちが高齢者に抱くイメージはみんな同じで、それは「強欲で困窮したシニアたち」だと指摘します。しかし、こうした決めつけは間違いだというのです。そもそも年をとったらこう生きるべきと型にはめることはできないと。

そのうえでこれまで世の中を変えてきたベビーブーマーの世代に着目し、ちょうど高齢者となった彼らのニーズを満たせるような商品やサービスを開発すべきだというのです。なぜなら、この世代は若い頃のように自分たちをワクワクさせてくれるプロダクトを求めるのであって、ベージュやグレーの地味な色づかいや、熱意の感じられないサービスは受け入れてくれないからです。

たしかに私たちは、これまで高齢者のステレオタイプを作り上げ、あまりにもそれにとらわれすぎていた感があるように思います。その固定観念から抜け出さない限り、今後幅広い年齢にわたって高齢者と呼ばれる人たちの多様なニーズをビジネスチャンスに変えることはできないでしょう。

そうして高齢者のイメージを正確に捉えなおすことができれば、社会保障のあり方も自ずと変わってくるはずなのです。すべての高齢者が、助けを求める困窮した弱い存在ではないはずです。社会保障について考えるとき、つい私たちは、何人の若者で一人の高齢者を支えるかという計算をしてしまいますが、その計算自体が意味をなさない可能性だってあるのです。

逆にお金もなく弱い存在としての若者だってたくさんいます。もう年代で福祉を分ける発想はやめたほうがいいのかもしれません。その点で、カフリンがプロダクトについて提唱している「超越的デザイン」という発想は、社会保障にも当てはめることができるかもしれません。

超越的デザインとは、顧客を半人前扱いするのではなく、楽しく容易にプロダクトを使いこなせるようにする発想です。まさに人口動態の年齢区分にとらわれることなく、最新で最高の解決策をもたらすものといえます。ステレオタイプな高齢者や若者といった対象を前提に政策を考えるのは、もう時代遅れなのです。

たとえば、私たちの身近にあるプロダクトでいうと、スマホはまさに超越的デザインの賜物です。たしかに、表示を拡大することも音声入力することもできるので、今や誰にとっても楽々使えるプロダクトの代表といえます。そこで、社会保障もこの超越的デザインの発想に基づいて制度設計してみてはどうかと思うのです。

教育をどう変えていくか

「理性重視抽象的目標型」から「本能重視具体的目標型」へ

今度は教育についてです。これまでの教育はあまりにつまらないものだったように思います。私自身、受験勉強をし、資格試験の勉強や公務員試験の勉強をし、また大学院で勉強をし、今は逆に教壇に立っている身としてそのことはよくわかっているつもりです。だからこそどこをどう変えればいいのか、提言できることがあります。

それは「理性重視抽象的目標型」の勉強から、「本能重視具体的目標型」の勉強に変えることです。

理性重視抽象的目標型というのは、理屈からすると「目的を達するためにやらないといいけないから学ぶ」というものです。給料がいい、待遇がいい仕事を得るためには、優秀な人が採用されるから、勉強をしておかなければならないといったように。そこまで考えていればまだいいほうで、たいていはよい成績をとるには勉強をしなければならないという程度でしょう。ひどい場合は、お母さんに叱られないようにやっているという子もいます。

この場合、目的もかなり抽象的です。何をやりたいというのが具体的にないだけでなく、勉強している内容自体が、具体的な目的と結びついていないのです。つまり、いい会社に入るという目標が抽象的なだけでなく、算数の問題を解いていても、それがいい会社に入るという目的と結びついていないということです。

これに対して本能重視具体的目標型の勉強は、やりたいからやる、やりたいことをやるというものです。まさに遊びと同じです。誰かにやれといわれたからでもなく、社会でそれが求められているからでもない。あくまで「自分がやりたいから学ぶ」のです。

たとえそれが将来やりたいことであったとしても、その将来やりたいことを実現するために今やるべきことを学んでいるのであれば、義務感はないでしょう。しかも今やっている勉強が具体的に将来やりたいことの準備になっているはずです。たとえば、パイロットになりたいと思っている子どもは、高度や距離の計算ができないといけませんし、英語も話せないといけません。

そうすると、算数だって英語だって、自分が空を飛ぶための準備だと思って、ワクワクして学べるのではないでしょうか。こういう勉強の仕方が理想的だと思うのです。

この場合、パイロットの仕事をできるだけ具体的に調べて、実際に見て、可能な範囲で体験するといいでしょう。そうすれば、ほかの科目だってパイロットになるために必要であることがわかってきますから。

したがって教師や学校の役割は、やりたいことを発見させて、それをできるだけ体験させる。そしてそのやりたいことと学校の勉強をうまくつなげるということです。それさえうまくいけば、あとは自分で勝手にやり出します。やめろといってもやめないでしょう。遊びと同じで。だから質問だけ受け付けていればいいのです。教壇で一方的に、全員に対して同じことを話し続けるだけの授業をする必要はありません。それはむしろ有害無益です。

「与える教育」をやめて、「求める教育」に転換する

幸い今、教育は私の提言する方向に大きく舵を切りつつあります。教育改革は一〇〇年

の計といわれますが、たしかにこれまで、時代が変わるごとに教育も大きく変わってきました。

近代以降を見ても、まず明治になって小学校が義務化され、大学までの制度が整いました。しかし戦争によって軍国教育のための国民学校になってしまったのです。戦後は社会が民主化されたのに伴い、民主主義教育が行われ、できるだけ早くアメリカを中心とした先進国に追い付くための詰め込み教育が行われてきました。

ところが近年は、お手本なき時代になり、イノベーションが求められるようになっています。そこで自ら主体的に課題を発見し、問題を解決するための教育が求められているのです。人生一〇〇年時代の教育も、その延長線上にあるといっていいでしょう。

人生一〇〇年時代というのは、未知の時代です。つまり、何を学べば成功するかはわからない時代であり、かつ課題がたくさんあるということです。とするならば、少なくともかつてのように知識を覚えてそれを正確にアウトプットすればよいという話ではなくなります。むしろ、未知の問題に対応できる応用力や、新たな価値を生み出す創造力こそが求められるでしょう。

今後テクノロジーは間違いなく発展していきます。今のＡＩももっと賢くなるでしょう。場合によっては自立型のＡＩが登場し、多くの作業や思考さえ担ってくれる時代になるかもしれません。それでも人間が何かの役に立ち、社会を支えていくためには、機械にできないことをやるよりほかありません。

それはＡＩにも負けない創造力を養うしかありません。すでにＡＩも絵を描き始めたり、小説を書き始めたりしています。しかし、あくまでそれは計算の結果にすぎません。お手本となる大量のデータを基にして、推測がなされているだけです。これに対して、人間が描いたり、書いたりするものは、もっと偶然の産物であり、曖昧模糊としたものです。人間の創造性とは、論理だけでなく、すべての経験と感情とが一体となって、ひらめきとともに全身から解き放たれるものだからです。

したがって今後は、その人間独自の創造性をもっと鍛えるべきだと思います。そんな曖《あい》昧《まい》で説明しがたい能力をどうやって鍛えるのかと問う人もいますが、割と簡単な話だと思います。それは人間らしく生き、その人間らしい生き方を発想につなげていくということにほかならないからです。今まではその逆のことをやってきたのですから、反対のことをすればいいだけです。よく教育が創造性を殺してきたなどといいます。つまり、欲望や好奇心をできるだけ抑え付けて、人間らしく生きることを制限し、まるで機械のような生活を強いてきた点、そして好奇心に基づく自由な発想を、型にはめることで制限してきた点です。これをやめるだけで、誰もがピカソになることでしょう。

いいえ、創造性は決して芸術のためだけのものではありません。社会の課題を解決する際に求められる、汎用性《はんよう》のある能力です。何にでも応用できる基礎的な力だといってもいいでしょう。

学校でも幼稚園から大学まで、一貫して基礎力としての創造性を養うための教育を実施すべきです。そのためには、これまでのような「与える教育」はやめて、「求める教育」に転換する必要があります。

基礎的な知識はその中で必要に応じて身に付けていけばいいのです。体系的に順番に教えていく必然性はもうありません。

学校が「自遊空間」になれば、いじめはなくなる

そもそも知の体系自体は、古い時代の常識みたいなものにすぎず、答えを求めるために学ぶものとして合理性があるかどうかさえ疑わしいのです。知の体系は、答えや解き方がわかっているからこそ成立するのであって、答えも解き方もわからないときに、その前提

となる知識など存在しないのです。

むしろその都度必要なものを学んでいく。それで十分なのです。そうなると、みんなが同じ授業をとるとか、一時間単位で色々な科目を勉強するとかいった必要もなくなります。学校はもっと自由な空間へと生まれ変わるはずです。遊ぶように自由に好きなことを追求できる空間。「自遊空間」としての学校です。

そんな空間が実現したら、もはや学校に行きたくないとか、学校がつまらないという子どもはゼロになるでしょう。いじめという、ストレスと暇が原因のつまらないことにエネルギーを費やす子もいなくなるに違いありません。実際、クラスをなくすといじめがなくなるといわれます。意味もなく同じ教室に閉じ込めるから、いじめをする暇が生じるのです。

反面、自由すぎると、協調性や人間性が養われないと思う人もいるかもしれませんが、それも古い考え方です。これまでの学校教育で想定されてきた協調性は、軍隊向けの協調性であって、プロジェクトを円滑に進めていくためのものではなかったのです。だいたい四〇人、あるいは全校生徒数百人がまったく同じ行動をとる必要があるでしょうか？　北朝鮮のマスゲームじゃあるまいし。欧米ではそんなことをやっていません。でも、彼らに協調性がまったくないとはいえないでしょう。

実際に社会で求められる協調性は、もっと小さい単位のものです。少人数のチームでプロジェクトが進められる程度の協調性があれば十分なのです。そういうことなら、私の提案する自遊空間としての学校でも問題ありません。より実践的な協調性や人間教育が可能だとさえいえます。人間教育も今想定されているのは、従順な国民になるための道徳教育です。しかし、それも時代錯誤です。

市民社会や国家のことを主権者として考えるのと、道徳教育は分けなければなりません。主権者教育が必要なのはもちろんですが、人間教育は道徳ではなく、プロジェクトを進める中で仲間意識やリーダーシップ、フォロワーシップという形で身に付けていけばいいのです。

リカレント教育こそ人生一〇〇年時代のポイント

大人も遊びみたいに勉強をすればいい

人生一〇〇年時代に考えないといけない教育は、子どものための教育ばかりではありません。大人のためのリカレント教育こそが、より重要になってきます。なぜなら、子どもの頃に学んだことは、すぐに消費期限が到来し、もう役に立たなくなってしまうからです。賞味期限ではなく、消費期限である点がポイントです。

なぜなら、時代の変化が激しいうえに、現役で働く期間が長くなるわけですから、一〇代の頃に学んだものだけで残りの八〇年を生き抜いていくのは不可能です。極端にいえば、一〇年ごとに学び直しをするくらいの覚悟がいります。

それに加えて、日頃から新しいことを学ぶという習慣を身に付ける必要があるでしょう。一〇年に一回学ぶのは大きな学問であって、日々の業務に求められる新しい知識は、もっと頻繁に学ばないと時代の変化に追い付かないでしょうから。

そのようなことをいうと、しんどい時代だなと感じられるかもしれません。でもそれは、これまでの学校教育がしんどいものだっただけです。遊びを毎年やれといわれて嫌な人はいないでしょう。とするならば、先ほど書いたように、遊びみたいに勉強をすればいいだけのことです。

教育がそんなふうに変わってくれば、それをしんどいと思う人はいなくなるはずです。楽しいことでしかありません。私もそうです。私の場合、会社を辞めて人生挫折してはじめて、自分のやりたいことに出逢いました。そう、哲学です。だから哲学を学ぶ過程は自分の人生の問題を解くプロセスであり、純粋に楽しい時間でしかありませんでした。苦しいと思ったことは一度もありません。

まさにリカレント教育として哲学を学んだわけですが、しかもそれがキャリアチェンジにもつながりました。その後も関心を持つごとに、さまざまな新しいことを学んでいます。これからはこうした学び方が増えていくのではないかと思います。

一〇連休をとれる制度を作る

そのためには、長期休暇を増やす必要があります。有給休暇も消化できない企業風土の中で、なかなか実現困難なことかもしれませんが、これからはそうでないと人生一〇〇年時代を生き生きとすごせる人材を育てることはできません。ひいてはそれは企業の活力にもつながってくるのです。

私が長期休暇の重要性を痛感したのは、ある二つの経験からです。一つは高専勤務時代にとったサバティカル、いわゆる研究休暇です。もう一つは、新天皇即位に伴い一〇連休となった今年のゴールデンウィークです。

私はサバティカルで新しいことを学ぶことができました。それは日本哲学です。海外で日本哲学を学ぶというのはおかしな話に聞こえるかもしれませんが、やはり外に出て見ると日本のよさがわかるものです。それに自分がいかに日本のことを知らないかということも痛感させられます。

そこでまとまった時間がとれたことから、日本哲学を勉強し直しました。海外の研究者たちとも議論をしながら、日本の思想はどうあるべきかを考えたのです。それは私にとって新しい分野を切り開く大きなきっかけになりました。帰国後しばらくは日本の思想について論じ、本を書いたりすることになったからです。もし日本で日々の仕事に追われているだけだったら、こうした新しいことを身に付ける時間はなかなかとれなかったでしょう。多分一〇年くらいかかっていたと思います。

今年の一〇連休については、少しおおげさな言い方をすると、これまでの生き方さえも考え直すきっかけになりました。それまでの私は、ただがむしゃらに働き、成功することだけを目指していました。だから休みをとることもなかったのです。

ところが、この一〇連休は強制的に休まされました。なぜなら、みな自粛ムードでなぜかメールなどを送ってこなかったのです。そこで私もあえてガツガツ働くことを控え、割とのんびりすごしたのです。そうすると、今までにない幸福感にとらわれたのです。心も身体も、休めると元気になります。当たり前のことですが、なかなか日本人はそれに馴れていません。休日でも働いてしまうのはそのためです。

だから強制的に休まされてはじめて、休みの意義に気づくのです。こういうことは、みんなが一斉に休まないと起こりません。だから仕事をしてはいけないムードの連休が必要だと思うのです。しかも三連休とかケチなことをいわずに、一〇連休くらいとらないと完全にはリフレッシュできません。欧米のバカンスみたいなものです。

欧米のバカンスみたいに年に一回一か月間休むのもいいですが、それだと仕事への支障が大きそうなので、二か月に一回くらい仕事をしてはいけない一〇連休をとる制度を作ればいいのです。こちらは主に心身のリフレッシュのためですが、もちろん一〇日もあれば新しいことにチャレンジしたり、何かを身に付けたりということも可能です。それが心身のリフレッシュにつながればいいのですから。

このようなサバティカルや一〇連休は、いかにも企業のマイナスになると考えられがちですが、そこが間違っているのです。生産性というのは、疲れた社員が一〇日間かけてやるよりも、元気でレベルアップした社員が一日でやったほうがよっぽど上がります。サバティカルでパワーアップした社員が、一年で二年分、いや一〇年分の成果を上げてくれれば大儲けです。

人生一〇〇年時代においては、個人にとっても企業にとってもそういう大胆な発想の転換が必要なのです。しがたって、リカレント教育の一環として、こうした費用を捻出すればいいのです。十分元がとれるはずです。

伊能忠敬はリカレント教育の先駆者

とはいえ、年をとってから新しいことを学ぶのは大変だと感じている人もいるかもしれません。若い頃はやりたいことをやる気力も能力もあったけれど、年をとるとどうしても気力、能力ともに衰えてくるからです。

しかし、それは一般論であって、決して不可能なことではありません。最近、中学生の娘が伊能忠敬《いのうただたか》の伝記をもとにした小説『星の旅人』（小峰書店）という本を読んでいました。夏休みの読書感想文の課題図書だったようです。面白そうだったのでふと手にとると、つい一気に読んでしまいました。なぜなら、伊能忠敬こそ、人生一〇〇年時代のリカレント教育のモデルにふさわしい人物に思えたからです。

ご存じのように伊能忠敬は、江戸時代に全国を測量してまわり、正確な日本地図を完成させた人物です。いわゆる『大日本沿海輿地全図《だいにほんえんかいよちぜんず》』です。驚くべきことに、彼が測量術を学び始めたのは、五〇歳をすぎてからです。もともとは成功した商人でしたから、当時の常識からするととっくに隠居してもいい年です。しかも体が弱かったといいます。にもかかわらず、そこから新しい勉強を始め、北海道まで過酷な旅をし、ついには歴史に残る偉業を成し遂げたのですから。

忠敬はずっと天文学や測量術を学びたかったようです。でも、本業が忙しくてなかなかできなかった。だからようやくそれができるようになって、まさに水を得た魚の如く、かごから解き放たれた鳥の如く勉学に勤《いそ》しんだわけです。その気持ちは私もよくわかります。悩み続けた二〇代に別れを告げ、三〇歳にしてようやくやりたい学問に出逢いました。そして大学院に受け入れてもらえたことで、勉強に邁進《まいしん》する環境が整ったのです。一般的には遅れたスタートですし、何より当時は家族を養うためにフルタイムの仕事をしていましたから、圧倒的に時間がありませんでした。それでも、無我夢中で勉強に取り組むことができたのは、やはり学べるチャンスを与えられたからにほかなりません。

よく働きながらの勉強は不利だとか、年をとってから勉強するのは大変だといいますが、決してそんなことはないのです。大事なのは、やりたいときにやれるチャンスがあるかどうかです。それさえあれば、あらゆるハンディは乗り越えることが可能です。その意味では、リカレント教育が当たり前になり、たとえ働きながらでも学べる機会が増えるというのは素晴らしいことだと思います。私たちはみな伊能忠敬になれるのです。

ちなみに、私が一番感銘を受けたのは、五〇歳をすぎた伊能忠敬が、一九歳も年下の師匠に弟子入りしたことです。私の師匠は年配の方だったので、どんな言葉にも素直に従うことができました。でも、もしあれが二〇歳も年下の師匠だったらどうだったでしょうか。でも、これからはそんなことはいくらでも起こり得ます。学問に年齢は関係ありません。学ぶ年齢も、師匠の年齢も関係ないのです。ただ知りたいことがあるだけです。それを追い求めるだけです。伊能忠敬は二〇〇年以上も前に、そのことを身をもって示してくれているような気がしてなりません。

結婚や家族制度の見直し

再婚、再再婚が当たり前になる

結婚や家族制度も変えていく必要があります。人と人の出逢いはつくづく運命的なものです。この地球上に七〇億もの人がいるわけですが、その中からたった一人と結婚する。今の日本では再婚する人はどちらかというと例外的ですが、今後はそこが変わってきます。一生のうちに何度か結婚するのが普通になるかもしれません。

もちろんずっと同じパートナーとすごせれば、それはそれで幸せですが、年齢差があってどうしても死別するというケースも増えてくるでしょう。その場合、再婚したほうが幸せになれるなら、躊躇《ちゅうちょ》する必要はないはずです。出逢いは運命的だといいましたが、それは人生一度きりというわけではないのです。出逢いはいつも、その都度運命的だといっていいでしょう。ですから、どんな出逢いも大切にすべきだと思います。

出逢いが運命的であるというのは、結婚の回数が何回になろうが、法律上の関係がどうであろうが、決して変わるものではありません。人生一〇〇年時代になっても、唯一変わらない部分でしょう。

だからこそ、その運命的な出逢いができるだけ長く続くように、そしてその関係がつらいものにならないように、最適の社会制度を作っていく必要があるのです。何度でも結婚できるなら、気軽に結婚するというような風潮を作らないようにすることも必要だと思います。

そもそも結婚という制度自体が大きく様変わりして行く可能性もあります。たとえば、いつまでも健康で若々しい人が増えるので、年齢を気にしない結婚が増えてくるでしょう。そのうえ医学の進歩によって、子どもを産める年齢も年々高くなっていますから、結婚の時期や回数に関する選択肢は今まで以上に増えるはずです。

幸い価値観も多様化しています。結婚の回数が多いことが、必ずしも社会的マイナスにはならない時代になるでしょう。バツイチなんて言葉は死語になり、むしろマルイチになるのでは？　もちろんシングルファーザーやシングルマザー、そして法律上の結婚をしない関係も今以上に普通になってくるでしょう。

ただし、どのような選択をしても社会的、金銭的に不利にならないような制度を作ることが大事です。そこは時代に合わない民法の規定を柔軟に改正することや、政府の社会保障によって賄うと同時に、企業も勤務時間の短縮やテレワークの促進、あるいは育児休暇等の働き方改革を常に行っていく必要があります。

三世代、四世代が同居する「多世代共生型住宅」が流行する？

結婚だけではありません。人生一〇〇年時代になると、家族のあり方も変わってきます。これについては、人生一〇〇年時代という言葉を有名にしたリンダ・グラットンらの著書『ライフ・シフト』（東洋経済新報社）の中に、多世代が一緒に暮らす時代になるのではないかとの予測が書かれています。

たしかに、命長き時代ですから、三世代、あるいは四世代が同じ時代を共有するわけです。しかも長きにわたって。そうなると、ずっとではないにしても、親や祖父母と同居する機会も増えてくるでしょう。

そのようにいうと、昔の日本に戻るみたいで息苦しく感じる人もいるかもしれません。西洋社会の文化の影響で個人主義が広がり、儒教的な息苦しい親子の関係がようやく薄らいできたのにと。

これは人生一〇〇年時代が抱えるジレンマの一つだと思います。グラットンでさえそこのところは明確に答えを出していません。これから世代間交流の実験が始まると書いているだけです。

その実験結果の一つが、高齢化先進国である日本の二世帯住宅ではないでしょうか。高齢化した親の面倒を見ないといけないという義務感と、個人としての自由を確保したいという思いがうまく弁証法的に形になったものといえます。これは一つのアイデアで、もしかしたら今後三世帯住宅や四世帯住宅のような多世代共生型の住宅が流行るかもしれません。

もう一つの実験結果は、介護施設だと思います。日本は介護分野でも先進国で、さまざまなサービスや施設が充実しています。これも親のことを気にしながらも、個人の自由を確保するための知恵の結晶といっていいでしょう。もし仮に介護施設にマイナスのイメージがあるとすれば、それは介護の現場が３Ｋになってしまっていて、虐待などの問題が報じられるからでしょう。しかし、それは介護施設という仕組みの問題では決してなく、国が介護施設の重要性をよくわかっていないことに起因するものです。もっと介護にお金をかければ、３Ｋの労働環境ではなくなり、介護職員もみな質が上がると同時に、心のゆとりも持てるので、虐待も撲滅できるでしょう。そのためには、国民自身が、介護施設に対する理解をもっともっと高めていかねばなりません。

親の面倒を見るというのは、昔は当たり前だったかもしれませんが、今でさえ価値観が多様化する中で、それが必ずしも普遍的な正義ではないことは共通認識になりつつあります。ましてや、人生一〇〇年時代には、それは物理的にも不可能になってくるのです。いくら元気とはいえ、八〇歳の息子が一〇〇歳の親の面倒を自分で見るのは危険でしょう。

したがって、私たちも意識を転換していかなければなりません。親がそのようなことを求めないのももちろんですが、自分も親の面倒を見ないということについて罪悪感を覚える必要はまったくありません。今の老親世代は、たとえば八〇代後半以上であればもう戦前の人ですから、その価値観を変えるのは容易ではありません。でも、少なくともその子どもである七〇代より若い世代は、発想を変えて行かないと、その次の世代に迷惑がかかります。

次の世代に自分たちと同じ苦しみを味わわせないためにも、勇気を出して自分が変わっていかねばならないのです。今は時代の大きな転換点ですから、生みの苦しみもあるでしょうが、それが新しい時代を迎えるということの意味なのです。そうやって文明は進歩し、人々は個人としての自由を獲得してきたのですから……。

ライフイベントも冠婚葬祭も多様化する

人生一〇〇年時代には、結婚のあり方や親子関係のあり方が変わってくることもあって、ライフイベントが多様化していくでしょう。一般的には、誕生、就学、就職、結婚、出産、子育て、教育、引退、死などが挙げられます。人が生きていくうえで出くわす大きな出来事です。

人生一〇〇年時代においても、こうしたライフイベント自体が大きく変わることはないでしょう。人が生まれて、学び、働き、誰かと結婚し、子どもを育て、やがて死んでいくということは変わらないからです。でも、これまで一回しかなかったようなイベントが何度か起こったり、順番が前後したりということはあるかもしれません。そして何度かあるということは、一度にかけるお金や思いが分散して行く可能性も否めません。いや、誕生や結婚に対する喜びが分散するという意味ではなく、あまりにそこにすべてを投入するということはなくなるのではないかということです。つまり、祝い方やお金の使い方が変わってくるように思うのです。

一生に一回ならどんな無理をしてでも盛大に祝おうと考えたり、教育が典型ですが、後先のことを考えずに子どもの学歴のためにすべてを犠牲にするということもあり得ます。でも、そんなことをしても、子どもがはたしていい大学を出ただけで成功するとも限りませんし、一生親の面倒を見てくれるかどうかもわかりません。

だから何度もあることを想定して、分散型の投資をしていくことが求められるようになると思うのです。その点ではお祝いはそこそこにしておいたほうが賢明でしょう。

それに伴って冠婚葬祭のあり方も変わってくるはずです。人生一〇〇年時代の冠婚葬祭は、これまで以上に多様化していくのではないかと思います。

まず結婚式。これまでは人生たった一度の一大イベントでしたから、盛大に祝ってきました。特に日本はそうです。親が財産をはたいたり借金してまでも盛大な結婚式を催してきたのです。でも、何度かあるかもと思うと、そこまでする必要はなくなります。繰り返しますが、だからといって気持ちが薄れるということでは決してありません。結婚は素晴らしいものですから、心の底からみんなで祝えばいいのです。でも、それとお金をかけるかどうかは別問題です。本人たちをはじめ、家族や仲間たちが幸せな気持ちを確認できればそれでいいのです。大きなホテルでたくさんの人を集めて豪勢な食事をする紋切り型のやり方ではなく、もっとアイデアと愛情に満ちあふれた自分たちだけの結婚式をプロデュースするようになってくるのではないでしょうか。

前にも少し触れましたが、還暦や喜寿といった長寿を祝うイベントも、別にそれを長寿として祝うのではなく、節目節目でもっと早くからやっていけばいいのです。たとえば一〇年ごとでもいいじゃないですか。そうすれば、六〇歳イコール引退といったイメージは払拭《ふっしょく》できます。喜寿なんていうと、いかにも後期高齢者と重なって、マイナスのイメージが増幅します。本来は長寿の喜びを意味する言葉ですが、悲しさがただよってくるのは私だけでしょうか。本当に長寿を祝うのは、一〇〇歳をすぎてからで十分です。なぜなら人生一〇〇年時代は、基本的にはみな一〇〇年生きるということになっているのですから。

人生一〇〇年を楽しむ知恵として、アニバーサリーを増やすのはいいと思います。でも、それと長寿の祝いとを形式的に結びつけるのはあまり賢いやり方には思えないのです。その意味で、お葬式や法事も大きく変えたほうがいいでしょう。長寿をまっとうした場合のお葬式は、決して哀しむのではなく、偉業をたたえるようなものにしたほうがいいでしょう。ある意味で、楽しいものにしたほうが、本人も周囲もうれしいと思うのです。少なくとも私ならそうしてほしいです。涙よりも笑顔が見たいですから。

そもそもお葬式がいるかどうかも問題です。すでにお葬式は簡略化される方向にありますが、それこそ近親者だけのシンプルな葬儀や、散骨などを望む人も増えています。それぞれの生き方に応じて、それぞれが望む方法で見送ってもらう。そのほうが本人にとって幸せなのなら、何も決まった形にこだわる必要はないと思うのです。

法事はその最たるものです。法事の本質は、死の悲しみを忘れ、心を整理していくための儀式です。その意味では、本当に心の整理ができるようなやり方にすべきです。今の法事はどうもそうなっているようには思えません。一斉に同じ時期に集まって、準備するほうも参列するほうも、ばたばたと慌ただしく時間をすごすだけのものでは、あまり意味がないように思うのです。もちろん敬虔《けいけん》な仏教徒で、法事の形式を重視する場合は別でしょうが、日本の場合、葬儀は仏式が多く、仏教自体が葬式仏教と揶揄《やゆ》されるような状況になってしまっているので、それなら何もあの方式にこだわる必要はないのではないかと思うのです。

日本の場合、伝統を重んじる国ですし、そういう風土があるから仕方ないのですが、それでもせっかく人生一〇〇年時代という新しい時代を迎えるわけです。ならば、これを機に今までなんの疑問も持たずに続けてきたことは、一度だいたんに見直してみてもいいように思うのです。そのためには、哲学がはたす役割は大きいといえます。本書でも試みているように、そもそも人生とは何か、そもそも結婚とは何か、そもそも法事とは何かといった本質にさかのぼることで、これから求められるそれぞれの物事のあり方を考え直していく。そういう作業が必要であるように思います。

哲学で古い慣行を見直す機会に

冠婚葬祭についてはいま見てきましたが、ほかにも日本には古い慣行がたくさんあります。ついでに人生一〇〇年時代の視点から、私が日ごろ疑問に思っている慣行を見直すためのヒントを提案しておきましょう。

まず年功序列です。日本においては、いまだに多くのことが年功序列で決められています。出世はもちろんのこと、物事をする順番もそうです。目上の人を敬うという儒教的な発想で、それはいい部分もあるわけですが、その本質は、年をとっているほど優れているという考えが前提にあります。だから敬う必要があるのです。

しかし、普通に考えても、年をとっているだけで優れているということはまったくありません。経験豊富とはいえそうですが、それもどんな経験かによりますし、必ずしも年齢には比例しません。

ましてや人生一〇〇年時代においては、年功序列をそのまま守っていては、若い人にはなかなかチャンスも順番も回ってきません。それに人々は同じことをずっとやる時代ではなくなるので、年をとっているほど経験豊富ともいえなくなるでしょう。したがって、年功序列の慣行はなくしたほうがいいと思うのです。誰かを敬うべき必要があれば、その都度合理的理由に基づいて敬えばいいのです。若い人がお年寄りに席を譲るのは、若いほうが体力があるからです。その若者が病弱なら、元気なお年寄りが席を譲ることに反対する人はいないでしょう。

次に、見直したいのは、根性を出すという発想です。スポ根などというように、運動系の部活動などでよく使う表現です。もともとは仏教用語の「機根」に由来するといいます。人間が本来持つ心のことです。本来持っている力（素質）を発揮せよということなら、たしかに根性を出すことはいいことなのかもしれません。

しかし、実際には、根性を出せというとき、私たちは人に無理を強いているのではないでしょうか。その人が本来持っている力ではなくて、それ以上使ってはいけないエネルギーを使いはたすことを無理強いしているように思えてなりません。つまり、それは寿命を縮めていることにもなるのです。根性を出して頑張りすぎて、身体を壊してはなんの意味もありません。とりわけ人生一〇〇年時代という長丁場では、いかにエネルギーをセーブして、長い距離を乗り切るかが大事です。だから根性はいらないと思うのです。いるのはコントロールだけです。コンジョーよりコントロール。

三つ目は、金に物をいわせるという考え方です。この世はいまだにお金が支配しています。お金で買えない物はないと考えている人もたくさんいます。お金はそれ自体に価値があるわけでなく、あくまで交換の手段です。にもかかわらず、何とでも交換できることから、あたかもそれ自体に価値があるかのように勘違いしているのです。

そこから拝金主義が生まれます。しかし、本当になんでもお金で買えるのかどうか。たとえば心の豊かさはどうでしょうか？　もちろんその心の豊かさを何によって得られるかによるわけですが、物質的なものを与えられただけでは心が豊かに感じられないとすれば、お金では容易に解決できないでしょう。愛、友情、絆、なつかしさ……。そういった精神的なものはなかなかお金では買えません。

ところが、人生一〇〇年時代というのは、より精神的なものが重要になってくる時代なのです。なぜなら、人が物質的なものを心の充足のための手段にするのは、比較的若いころだけだからです。年をとるにつれて、物欲は薄れてきます。私もそうですが、五〇歳にもなるともうほとんどありません。それよりも精神的なものを心の充足の拠り所にしだすのです。少なくとも人生後半の五〇年は、お金よりも心のほうが大事になってきます。

四つ目は、身分が釣り合わないという発想です。聞いただけで時代錯誤ですが、いまだにそういう考え方は深く根付いています。人間に優劣はないはずですが、差別意識がなかなかなくならないのと同じで、どうも人間は優劣のレッテルを自分で貼ってしまう存在のようです。家柄とか、職業、収入、容姿などさまざまな要素において、身分の釣り合いを考えてしまうのです。

分不相応、身の程知らず、身の丈に合ったという表現も同じです。これらは謙虚であれという意味では、決して悪いものではないですが、それが身分の釣り合いというニュアンスで使われるときには、いやらしい意味になってしまいます。「お前如きがあの人と付き合うだなんて、この身の程知らずめ」といったように。

人生一〇〇年時代は、価値が多様化する時代でもあります。色んな人が色んなキャリアを経るのが当たり前の時代ですから。一定の基準で物事の優劣を決めることはできなくなってくるでしょう。身分に優劣をつけていたのは、世の中の価値が一つに決められていた時代です。だからもう身分の釣り合いなど気にする必要はなくなるのです。

五つ目は、空気を読むという風潮です。みんなに合わさなければならないという意味です。日本においては特にそれが求められるわけですが、その理由は、社会の同質性にあります。

みんなが同じ価値観を共有しているような社会、あるいは同じでないといけないと思っているような社会においては、自分だけ違う意見をいったり、場違いな発言をすることは許されません。だから空気を読めといわれるのです。

しかし、異なる意見が求められるような社会なら、もうそんな必要はないでしょう。幸い人生一〇〇年時代というのは、異なる意見こそが求められる時代です。多様な生き方をする人たちが、その多様性を謳歌《おうか》するためには、異なる意見を尊重しなければなりません。また、人生のうちに何度か大きな社会の変化を体験することになるでしょうが、その都度新しい状況に合わせるための知恵やテクノロジーが必要になるはずです。その時みんなと違う意見こそが、発明やイノベーションを生みだすきっかけになるのです。だからこれからは、空気を読む人ではなく、むしろ「空気を変える人」が求められるのです。

人生一〇〇年時代の世界との付き合い方

なぜ排外主義や保護主義が流行るのか

ここでは人生一〇〇年時代の新しい社会の基準について論じているわけですが、グローバル時代ですから、ほかの国との付き合い方にも言及しておく必要があるでしょう。今後日本は世界とどう付き合っていけばいいのか。

今、世界では、一方でグローバル化が進行し、他方では排外主義や保護主義化が同時に進行しています。グローバル化はヒト、モノ、カネ、情報が国境を越えて自由に行きかう世界です。もともと世界は貿易のために交流を拡大してきましたが、交通が発展し、またインターネットが普及したことで、その動きはより加速することになりました。そのためにさまざまなルールを統一したりして、より容易にほかの国を訪れたり、滞在したり、ビジネスをしたりということができるようになったのです。

おかげで人々がほかの国に移り住み、移民として働くことも増えました。しかし、そこで問題が生じ始めたのです。もともとその地に住んでいた人たちの仕事を移民が奪うようになったり、移民のせいで治安が悪くなったりすると、彼らを排斥する動きが生じてきます。貿易もそうです。あまりに安くていい商品が海外から入ってくるようになると、自国の産業を守るために、貿易を制限し始めます。

こうして排外主義や保護主義と呼ばれる思想が台頭してきているのです。その結果、国内での人気取りだけを重視する政治家が実権を握るポピュリズムが蔓延しています。自国ファーストを唱えるポピュリスト政治家たちは、不満を抱く国民の怨嗟《えんさ》をガソリンにして、どんどん暴走していくのです。

もちろんそうした排外主義、保護主義のせいで、グローバル化はある程度制限されますが、自由でありたいと望む人々の気持ちまで押さえつけることはできません。だから同時にグローバル化も進展し続けるのです。

世界の不満が日本への不満にならないようにする

さて、この状況は今後も続くのかどうか。先ほども書いたように、排外主義も保護主義も、そしてその結果生じているポピュリズムも、もとをただせば、人々の不満から生じているわけです。ということは、そこをなんとかしない限り、今後の世界はずっと対立を続けていくことになるでしょう。グローバル化によってもたらされる対立を、ポピュリズムが叩く。そういう構図が繰り返されるのです。なんとも嫌な世界です。

こうした動きは世界中で起こっています。日本も例外ではありません。まだ移民が少ないから対立が表面化していませんが、高齢化する社会において、今後移民が増える可能性は高いでしょう。貿易に関していえば、隣国韓国とはたびたび険悪な関係に陥っていま す。歴史認識の問題などが背景にあるからですが、ある意味でそれは排外主義の表われともいえます。

人生一〇〇年時代において、もっとも避けないといけないのは、戦争やテロでしょう。いくら国内で命長き時代を謳歌するための社会を作っても、ほかの国が存在する限り、彼らとの付き合い方をきちんとしておかないと、最悪その平和な日常がつらく苦しい日常に代わってしまう可能性だってあるのです。それは歴史が物語っています。

だから日本人が人生一〇〇年時代を平和に幸福に生きるためには、世界との付き合い方にも目を配っておかねばならないのです。そのためにできることは二つあるでしょう。一つは、世界の不満が日本への不満にならないよう、手を差し伸べることです。このつながった世界において、どこかで起こっている問題は必ず日本にも飛び火します。そういう発想で手を差し伸べるのです。グローバル社会において対岸の火事などありません。

多くの不満は貧困によるものです。経済支援でそれが解決するなら、できる限りのことをすべきでしょう。もちろんお金を出せばそれですむという話ではないので、その国や地域の実情に応じた支援をしていかねばなりません。たとえば、ポピュリズムが原因で多少不利になったからといって、すぐに現地から工場を引き上げるなどということをしてはいけないでしょう。たちまち仕事を失う人たちが出てきますから。

もう一つできることは、日本国内でも不満が出てこないようにすることです。格差や貧困による不満が、外国や外国人に向けられるとき、平和なムードは一気に壊れてしまいます。毎日に満足していれば、人は寛容になれます。そういう社会を築くべきだと思うのです。

【4章】

哲学者たちが遺した珠玉の人生訓

生き方について哲学者たちが遺した言葉は、どんな時代状況にも当てはまる普遍的なものです。そうした珠玉の言葉を引きながら、人生一〇〇年時代をよりよく生きるためのヒントを探っていきましょう。

【孤独について――哲学者が遺した人生訓1　三木清】

孤独は山になく、街にある。一人の人間にあるのでなく、大勢の人間の「間」にあるのである。孤独は「間」にあるものとして空間の如きものである。「真空の恐怖」――それは物質のものでなくて人間のものである。（三木清『人生論ノート』）

孤独を感じるのはやむを得ないこと

人生一〇〇年を生きるためには、孤独を克服しなければなりません。でも、孤独とはいったい何なのか？　日本の哲学者三木清（一八九七‐一九四五）は、それをさまざまな視角から表現しようと試みています。その一つが冒頭の言葉です。いや、単なる一つではなく、おそらく私が考えるに最も象徴的な孤独の姿です。

孤独を「間」と表現した人間がこれまでいたでしょうか。普通、孤独とは間どころか、点だとか間がないことのように思われているのではないでしょうか。一人ポツンといるとか、誰もいないとかいう意味で。だから「間」だといわれると、ハッとしてしまいます。

でも、三木の言葉には説得力があります。たしかに孤独を感じるのは、人との関係性においてです。私自身、初めて東京に出て、知人もいない中であの人並みを歩いた時、ふと孤独を感じたのを覚えています。あるいは、うわべだけの付き合いをしている人たちが主催するパーティに呼ばれた時も同じような感覚にとらわれました。

みんなといるのに、自分だけが世界から切り離されて隔離されたような、見えない壁が立ちはだかっているような、そんな感覚です。音が遮断され、数メートル先にいるはずの人たちがはるか遠くに感じられる。

こうして人は、孤独が「間」であることを実感するのでしょう。人間は「人の間」と書きますが、もしかしたら人は孤独であることを運命づけられた存在なのかもしれません。私たちが孤独を感じるのはやむを得ないのです。

孤独は、人として存在する大切な時間

孤独を感じるのはやむを得ないことだとするならば、孤独を避ける必要はないでしょ

う。人生一〇〇年時代には、一人でいる時間も増えるはずです。特に年をとると、毎日誰かと騒いでいたいとは思わなくなります。疲れるということもあるのですが。

そこで孤独と上手に付き合う方法が問われてくるのです。孤独は避けられない、そしてそれは「間」である。さらに三木は、最後にこういっています。私たちが孤独を超えることができるのは、自己の表現活動においてだと。

ここでは芸術が想定されているように思えるのですが、たとえば物について表現するとき、私たちはその物に目を向け、その存在を救うと同時に、それに目を向けている自分自身を救っているというわけです。

たとえ一人でいるにしても、何かに集中し、それに自己を投影して言葉や形にしようとした瞬間、私の頭の中から「間」は消えてしまっています。

そもそも人間が不安から解放されるのは、何かに集中するときなのだと思います。しかも本気で集中したときです。言葉や形にするということは、相当頭を使いますから、きっと本気で集中しているのでしょう。しかも集中しやすいともいえます。

瞑想しろといわれてもなかなかできませんし、ただ集中しろといわれても余計に別の事を考えて不安になりがちですが、物を作ることに集中するのは比較的簡単です。これは必ずしも実際に物を作ったり、芸術作品を品評しなければならないという意味ではありません。

「孤独は山になく、街にある」という三木の冒頭の言葉もここに関係してきます。一人で山を歩いているとき、私たちは自然を見て考え、自分のことを考え、人生について思いをめぐらせます。それは孤独を超える営みであり、人間という生物学的な種ではなく、一人の人として存在する大切な時間なのです。そういう時間を持つだけで十分なのです。

【身の引き方について――哲学者が遺した人生訓2　老子】

盈《み》ちたりた状態を失わぬように保ち続けるのは、やめておいた方がよい。刃物を鍛えて鋭くするのは、長く切れ味を保てない。金銀財宝が部屋いっぱいにあるのは、守り続けることができない。富貴で驕慢《きょうまん》ならば、みずから災難を招く。仕事をなし遂げたら身を退ける、それが天の道というものだ。（老子『老子』）

「変化は成功の源」と考える

誰しも最高の状態を失いたくないと思うものです。だから引き際をうまく見つけられない。そのせいでいつまでもトップに君臨し、院政まがいの権力をふるい、結果晩節を汚す人も少なくありません。

老子（前六世紀ごろの人）がいうように、刃物を研ぎ続けるのでは、長く切れ味を保てませんし、金銀財宝をいつまでも守り続けることは不可能でしょう。だから大成したらさっと身を引くのがいいというのです。

この戒めは、従来の人生観においても有効ですが、人生一〇〇年時代には別の文脈でさらに重要なものとなってきます。つまり、従来だといくら成功しても六〇代半ばくらいでさっと引退して後任に託し、自分は静かに余生をすごしたほうが世のためになるという意味でした。

しかし、人生一〇〇年時代には、いくつかの仕事をなし遂げることになります。その意味では、年齢にかかわらず、何かをなし遂げるごとにさっと身を引き、次の道に進んだほうが自分のためになるのです。同じ老子の言葉が、従来は身を引いたほうが世のためになり、人生一〇〇年時代には自分自身のためになるという違いをもたらします。

中には、自分のおかげで会社がうまくいっているようなときに、どうして次の代に譲らなければならないのかと思う人もいるでしょう。しかしそうすると、ポストが空くまで何年もかかってしまいます。一〇〇歳の社長のために、若い人はずっとチャンスすら与えられないということにもなりかねません。

だから人生一〇〇年時代は発想を転換して、変化は誰にとっても成功の源だと信じなければなりません。つまり、変わればよりよくなると信じるのです。たとえ今どんなに成功していたとしてもです。そう割り切らないと、いつまでもポストが空かないからです。自分が身を引くことで、ポストは空くし、会社もよくなるし、自分も新たなチャンスに恵まれるというふうに。

満足しきってしまう前に次の世界に進む

これは決して希望的観測などではありません。少なくとも、変化には硬直化を防ぐ利点があるからです。それだけでもいいことだと思うのです。

これまでは、変化を起こすために身を引くべきというよりは、どちらかというと「高齢イコール能力の低下」という暗黙の認識があったのです。しかし、隠居しろというのはあまりにも酷な話です。余生が短い人やもう気力のない人は別でしょうが、そうでない人はまだまだ力が有り余っているのですから。

その意味では、老子の言葉は酷に聞こえますが、人生一〇〇年時代に当てはめると急に前向きなニュアンスを帯びてきます。ある程度大成したら、もう次に進んでいいだなんて、なんて幸せなのでしょう。昔なら無責任だといわれていたはずです。まだやれるのに、投げ出すわけですから。

でも、いいのです。人生は人のためだけにあるのではありません。もちろん自分のためだけにあるのでもありませんが、これまではあまりにもバランスを欠いていたのです。日本という社会はよくも悪くも集団主義、共同体主義の社会です。ですから、つい個人を犠牲にしがちなのです。そこを少し変えていこうというだけです。

老子の思想は、「道《タオ》」という宇宙の原理のようなものを体得することを目的にしています。そしてこの道を体得することについて次のようにもいっています。「この道を体得している者は、満ち足りようとはしない。そもそも満ち足りようとしないから、壊れてもまたできあがる」のだと。満足しきってしまう前に次の世界に進んだほうが、人はいつまでも頑張れるのです。

【寿命について——哲学者が遺した人生訓3　セネカ】

われわれの享《う》ける生が短いのではなく、われわれ自身が生を短くするのであり、われわれは生に欠乏しているのではなく、生を蕩尽《とうじん》する、それが真相なのだ。（セネカ『生の短さについて』）

人生という時間は、活用次第で十分に長い

セネカ（前一頃‐六五）は今から二〇〇〇年くらい前のローマ帝国の人ですから、当時は今よりだいぶ寿命は短かったはずです。ただ、それはあまり問題ではありません。なぜなら、いつの時代もその時点が最先端であって、未来のことなどわからないのですから。今だってそうです。人生一〇〇年時代と騒いでいますが、将来はさらに長くなっていて、「昔はたった一〇〇年で死んでいた」なんていっているかもしれません。

したがって、たとえ寿命が五〇年だろうと、七〇年だろうと、セネカにとってはそれは決して短くはなかったのです。むしろ彼がいいたかったのは、私たちが人生を無駄にすごし、実質的に短くしているということにほかなりません。

現に、人生の時間を立派に活用すれば、それは十分に長く、偉大なことを完遂できるように潤沢に与えられているといっています。セネカ自身がそうでしょう。彼は六十数年しか生きませんでしたが、歴史に名を残す偉業を成し遂げています。政治家であり、哲学者であり、詩人であったセネカ。皇帝ネロのブレーンとしても知られています。著作もたくさんあります。哲学書だけでなく、彼の書いた悲劇は後にシェークスピアにも大きな影響を与えました。

大事なことは、自分がどう思い納得しているか

きっとセネカは自分に与えられた生を立派に活用したのでしょう。彼は財産についても同じようなことをいっています。いくら莫大な財産があっても、悪しき主人の手に渡ればそれはたちまち雲散霧消してしまい、逆にわずかな財産であったとしても、善き管財人の手に託されれば増やすことも可能だと。

つまり、人生を短くしてしまうかどうかは、自分自身の人生の主人である私たちにかかっているということです。

かといって、生き急ぐのがいいなどとは決して思いません。大切なことは無駄にしないことです。そのためには、毎日納得することが必要でしょう。「今日はこんなふうに生き

た。ああ、よかった」というふうに。それなら、別に昼寝してすごしてもいいのです。納得しさえすれば。疲れているから今日は休もうとか、さぼろうとかいう日があってもいいじゃないですか。大事なのは納得です。

考えてみれば、何が長いか短いかなんて、本人の感覚にすぎません。そしてその感覚とは納得感のことなのです。納得がいけばなんでもいいのです。どれだけの期間なのかも、どんなことをするのかも。これは人がとやかくいう問題ではないでしょう。自分がどう思うかです。基本的には頑張っていれば、結果がどうであれ納得できるものです。だから一番簡単な納得を得る方法は、頑張ることです。

とはいえ、がむしゃらに頑張ればそれでいいかというと、そういうわけでもありません。それではただの頑張り損です。いかにうまく計画を立て、こなしていくかです。その際、無理な計画を立ててはいけません。おそらくこれまでの時代は、それをやり続けてきたのだと思います。社会も個人も。その歪みが、過労死や一億総ウツの遠因になっているといっても過言ではないはずです。だから「うまく頑張る」のがベストなのです。

ちょうどいいくらいの計画を立て、それを着実にクリアして行く。そんなマイペースの人生こそが、生を充実させ、命長き時代を本当に充実してすごすためのコツなのです。

セネカはこうもいっています。「生は、こうして何かに忙殺され続けたまま、駆り立てられていく。閑暇は決して実現されることはなく、常に願望にとどまり続けるのである」と。そんな悲劇を避けるには、まずは休みを優先し、それを除いた時間だけでやるべきことを割り振っていくのがいいでしょう。

さあ、休暇の申請をしてください。時間術の達人、セネカからの遺言だと思って。

【満足について――哲学者が遺した人生訓4　ホッファー】

世間は私に対して何も負っていないという確信から、かすかな喜びを得ている。私が満足するのに必要なものはごくわずかである。一日二回のおいしい食事、タバコ、私の関心をひく本、少々の著述を毎日。これが、私にとっては生活のすべてである。（ホッファー『波止場日記』）

なぜ、沖仲士の哲学者ホッファーは愛されるのか

エリック・ホッファー（一九〇二‐一九八三）は、沖仲士の哲学者といわれるユニークな人物です。その数奇な人生は、彼の哲学にも大きく影響しているといえます。まずホッ

ファーは七歳の時に原因不明の失明をし、同時に母を亡くします。その後一五歳で突如視力を回復するのですが、今度は間もなく父を亡くして天涯孤独の身になります。

幼少期にたくさん本を読んでいたとはいえ、学校教育を受けずに育ったホッファーは、やむなく放浪の旅に出ます。でも、どこで働くときも必ず図書館の近くに居を構えたといいます。本を読むためです。いつまた目が見えなくなるかもしれないという恐れから、貪るように本を読む日々。

そのうち港湾労働者として定住するようになりますが、それでも彼の生活は変わりません。働いて、本を読んで、そして考えたことを著述する。生涯独身のままそうした人生をすごしました。ただ、彼の書いたものは面白く、ベストセラーにもなります。

そのおかげで大学にも呼ばれるのですが、ホッファーがアカデミズムのポストに興味を示すことはありませんでした。だから沖仲士の哲学者だとか、独学の哲学者と呼ばれ、多くの人たちから愛されているのです。最期は民間人に送られる最高の栄誉であるアメリカ自由勲章を受章しています。自由を求め続けたホッファーにぴったりの賞です。

満足感がないのは、自分を大事にしていないから

冒頭の言葉には、そんなホッファーの人生哲学がそのまま表現されているといっていいでしょう。世の中に影響を与えるようなでかい仕事をすることだけが成功ではありません。あるいは逆に、世の中に何かしてもらわないと生きていけないというわけでもありません。

ホッファーはそこに喜びを得ていたのです。一日二回のおいしい食事、タバコ、関心をひく本、少々の著述を毎日。そんな平凡な日常が、彼にとってはすべてであり、彼の心を満足させるものだったのです。

もし誰もがこんな日常に満足できるようになれば、きっと不幸な人などいなくなることでしょう。それどころか、世の中も平和になるに違いありません。

かつてマザー・テレサは、平和のために身の回りの大事な人を抱きしめなさいといいました。たしかに誰もが自分の身近な人を愛すれば、愛された人は人を傷つけようなどという気持ちにならないでしょう。ひいては世界平和が実現されるというわけです。

とするならば、もっと根本的なことは、自分自身を愛することです。誰もが自分を愛し、満足した日常を送っていれば、もっと平和な世の中になるはずです。

世界中の人たちが人生一〇〇年時代を平和にすごすためにも、自分を愛する方法を見つけなければなりません。しかもそれは、つましいものであればあるほどいいでしょう。大金持ちにならないとダメだというのでは、実現が難しくなりますから。

コツは今の自分に手に入るもので満足するよう努めることです。それでは嫌だと思うかもしれませんが、その気持ちが自分を苦しめるとするなら、本末転倒でしょう。そう考えれば、今手に入るものに目を向けたほうが賢明といえます。物事はなんでも気持ち次第で楽しめるものです。

ぜひ一度目を閉じて、本気で隣の芝生が青く見えているだけだと思ってみてください。次に目を開けた瞬間、自分の芝生が青く見え始めるはずですから。

【労働時間について――哲学者が遺した人生訓5　ラッセル】

私の考える意味は、一日四時間の労働で、生活の必需品と生活を快適にするものを得るには十分であり、残りの時間は、自分で適当と思えるように使える自分の時間とすべきだというのである。（ラッセル『怠惰への讃歌』）

貧しい人ほど働きすぎ

ラッセル（一八七二－一九七〇）がこの文章を発表したのは一九三二年。今から約一世紀も前のことです。そう考えると、人生一〇〇年時代を迎えた私たちは、ようやくラッセルの考えに追い付いたような気がします。

彼は、四時間も働けば十分社会は成り立つと考えていたのです。それは一世紀前の経済状況だからというわけではありません。

ラッセルにいわせると、貧富の差が生じてきた時点で、貧しい人は働きすぎだということになるのです。働かない人の分まで稼いでいるのですから。そうすると、その状況は大昔からありますし、また今もあるということになります。

今だって貧富の差があるのですから、富を平等に分け与えれば、きっと一人が働く時間は短くて済むのでしょう。財産があって働いていないような人は、これまでよりも労働時間が増えるでしょうが。それでも八時間労働なんていわなくてもいいはずです。

量より質の日々を送る

私もラッセルに賛成で、労働時間は今の半分くらいで十分なんじゃないかという気がしています。つまり、今は八時間労働が基本ですから、四時間でいいのではないかと。なぜなら、人間の一日はたった二四時間しかありません。そのうち、本当は八時間くらい寝たほうが健康にもいいのでしょう。とすると、残りは一六時間なので、八時間労働だと一日の三分の一は働いていることになります。

かといって、残りの三分の一が自由かというと、とんでもないです。通勤もあるでしょうし、お風呂にも入ります。あれやこれやと必要なことをやっていると、あっという間に時間がすぎます。休憩も必要でしょう。そうすると、おそらく自分の好きなことに当てることができるのはせいぜい二時間程度でしょうか。それでもいいほうです。実際には八時間以上働いている人が多いので、自分の時間なんて一時間もあるかないかが現実です。

そこで、もし四時間労働にすれば、その四時間がまるまる自分の好きなことをする時間になるのです。ラッセルは、そのほうがむしろ仕事にもプラスになると考えています。たとえば、医者は新しい知識を得ようと努めるだろうといいます。医者に限らず、どんな仕事も、できれば業務知識を増やしたりして、レベルアップするべきなのですが、そんな時間がないのです。もちろん仕事を離れて、人間として価値ある日々を送るためにこの時間を使うこともできます。

人生一〇〇年時代こそ、生き急ぐのではなく、一日四時間労働くらいにして、量より質の毎日を送ろうじゃありませんか。そう、質が高くなれば、決して怠惰なんかではありません。長い時間さぼりながらダラダラすごすほうがよっぽど怠惰です。

前に減速主義を掲げましたが、急ぎすぎては見損ねる景色も、じっくり進めば楽しめます。人生で見えるものもじっくり楽しんだほうが、質の高い日々になるはずです。それを怠惰ということはもはやできないでしょう。

【読書について——哲学者が遺した人生訓6　ショーペンハウアー】

多読すればするほど、読まれたものは精神の中に、真の跡をとどめないのである。つまり精神は、たくさんのことを次々と重ねて書いた黒板のようになるのである。したがって、読まれたものは反芻《はんすう》され熟慮されるまでに至らない。だが熟慮を重ねることによってのみ、読まれたものは、真に読者のものとなる。（ショーペンハウアー『読書について』）

なぜ活字離れが進んだのか

人生一〇〇年時代のすごし方として、私はぜひ読書を重視することをおすすめしたいと思います。

活字離れが叫ばれて久しいですが、それは高度情報化社会が到来して以来、人々が情報の摂取に追われてきたことの裏返しでもあります。

つまり、インターネットを通じて、日々大量の情報が入ってくるため、それらを追いかけるだけで精一杯なのです。コンピューターの処理能力はどんどん発展して行きますが、人間の処理能力はそう大きく発展することはありません。

こうした事情から、本を読む機会が減って行ったのだと思います。本を読むのには時間がかかりますから。必要な情報だけを得たいのであれば、読書は非効率です。また、最新の情報を追い求めないといけない時代にあって、本の情報は執筆時点と出版時点ですでにタイムラグがあるので、あまり有益とはいえません。

新情報を盛り込んだだけの新刊ではなく、古典を読む

ところが、人生一〇〇年時代には、何も生き急ぐ必要はないので、原点に戻って、もっと読書に時間を割けばいいのです。ただし、時間があるからといって、暇をつぶすようにただ活字を追うだけでは意味がありません。

冒頭のショーペンハウアー（一七八八－一八六〇）の言葉はまさにそのことをいっているのです。彼がいいたいのは、読書はその読んだ内容を反芻し、しっかりと咀嚼《そしゃく》して初めて意味があるということです。いわば、じっくりと考えることをすすめているのです。

ショーペンハウアーは、売れることを目的に書かれた本を悪書とさげすみ、また新しい情報を盛り込んだだけの新刊を非難しています。それは中身が薄いからです。そして古典を読むように説きます。

これは少し極端かもしれませんが、いいたいことはわかります。本に関しては、内容をじっくりと考えるための素材という位置づけをしているので、どうしても薄い内容のものに対して批判的になるのでしょう。それは私が先ほど批判したインターネット上の情報と変わりませんから。

たしかに古典はいいものです。私の場合哲学が専門なので、古典というと哲学古典が頭に浮かぶのですが、これはちょっとやそっとでは読めるものではありません。だからこそ頭を鍛えるのに役立つのです。何度も読んで、ようやく意味を理解する。それによって頭は鍛えられるし、何よりそこに書いてある内容が自分の血肉となるはずです。

哲学についても、これまでの忙しい時代には、つい入門書を読むことをすすめてきましたが、これからの時代は私も古典を読むことを訴えていきたいと思います。もちろん私の書いた入門書は、古典への導入として読んでいただけるとありがたいですが……。

【欲望について――哲学者が遺した人生訓7　デカルト】

欲望の情念は、精気が引き起こす精神の動揺で、精神が自分に適するとみずから表象するものを未来に向かって意志するようしむける。（デカルト『情念論』）

欲望は未来に向かうためのエンジン

人生一〇〇年というと長いので、どんどん何かしていかないと飽きてくるように思います。これは必ずしもたくさんのことをしたほうがいいとか、やることを変えていけばいいということではありません。一つのことでも、ずっと続けていけるならそれでいいでしょう。

大事なのは、何かをしたいという強い気持ちです。デカルトはそれを欲望と表現しているのではないでしょうか。

欲望というとイメージが悪いかもしれませんが、デカルトのいうそれは未来へと向かう意志のようなものなのです。あるいは、未来に向かうためにこそ欲望のようなエンジンがいるということです。

欲望のない人は、何もしません。でも、それは人間らしくないでしょう。人間は何かをするようにできていますから。体を動かすための手足や筋肉、そして考え、想像するための頭。これらの機能は、何かをするためのものにほかなりません。

だから堂々と欲望を持っていていいのです。先ほども書いたように、一つのことでずっとやっていける人もいるでしょう。それは幸せなことです。しかし、一般に人間は飽きる生き物ですから、次々と新しいものを見つけていくのが、長い人生を楽しむコツです。

そこで、欲望を絶やさないようにするのです。花火をするとき、消えてしまう前に次の花火にその火をもらうことがありますよね。あの要領です。気が多いのは悪いようにいわれがちですが、そんなことはないのです。

一つの欲望が枯れてしまう前に、次の欲望に火をつける。同時に複数あってもいいでしょう。あれも好きこれも好き、あれもやりたいこれもやりたいというのは素晴らしい状況です。素直に自分の快楽に従えばいいのです。

想像してみてください。もう何にも興味を失ってしまった人を。すごいとは思いますが、なぜか魅力を感じません。「あの人、本当に幸せなのかな？」なんて思ってしまいますよね。人間は、何かやりたいと思うことがあるほうが普通なのです。その気持ちを大事にしなければなりません。

「生きる」とは、意味のないところに意味を与えていく営み

先ほど欲望を火にたとえましたが、火を消してしまってはいけないのです。火を消すのはいつも悲観主義です。どうせやってもつまらないだろうとか、面倒だといった気持ちのことです。そうなりかけたら、無理にでも自分に言い聞かせてください。いや、面白いかもしれないと。人間はいったんネガティブになると、どんどん負のスパイラルが生じて深みにはまっていく性質があります。引きこもりはその典型です。

私は若い頃引きこもってしまった経験があるのですが、あのときがまさにそんな感じでした。「どうせやっても」というのが口癖のようになり、最後は何もやらなくなるのです。だって、突き詰めて考えれば何事もどうせやっても仕方ないことばかりです。どうせ死ぬんだしとか考えだすと、もう何事も意味がないように感じてしまいます。でもそれは大事なものを見失っているだけなのです。

つまり、生きるということは、予め意味があるのではなく、意味のないところに意味を与えていく営みだということです。だから欲望が必要なのです。意味があるから欲望を持つのではなく、意味なんてないから欲望によって前に進み、意味を与えていく。それが人生の本質なのです。

その人生の本質を見失ってしまったら、何もやる気がなくなるのは当たり前です。だからどんどんやりたいという気持ちを高めましょう。快楽を求めましょう。

これは自分だけでなく、他者に対してもそういう態度を奨励しなければなりません。とりわけ子どもたちに対してです。私たちはつい、そんなことをしていたら時間の無駄だとか、ゲームばっかりしてよくないなどといってしまいます。しかし、子どもが何かをやりたいと思ってやっているなら、それは素晴らしいことなのです。昔コンピュータゲームがなかった頃は、森で虫を追いかけるのに夢中になっていたかもしれません。それを無駄だといった大人はいなかったのではないでしょうか。ゲームもそれと同じなのです。その時やりたいと思ったことに夢中になるのが子どもの特性です。それがなんであれ、ひとたび奪ってしまえばどうなるか？　おそらく何事も追求しない子になってしまうのではないでしょうか。よほど体に害悪があることなら別ですが、そうでない限り、あまり目くじらを立てて制限するのはよくないように感じるのです。

これで欲望の大切さはわかってもらえたかと思いますが、面白いのは、デカルトが最強の欲望として、快楽だけでなく嫌悪を挙げている点です。「最も注目すべき最強の欲望は快と嫌悪から生じる欲望である」と。たしかに、あれはぜったいやりたくない、あの状況だけは避けたいというのも、一種の欲望ですから、何かをやるモチベーションになるのでしょう。ベクトルが異なるだけです。我慢の時代は終わりました。これからは求める時代です。貪欲に生き続けましょう。

【才能あるいは素質について――哲学者が遺した人生訓8　アドラー】

いわゆる「持って生まれたもの」はそれほど大きな意味を持たない。大切なのは、そのもって生まれたものを、子供時代にどのように扱うかということだ。（アドラー『生きるために大切なこと』）

与えられたものは最大限効果的に使う

持って生まれたものとは、才能や素質のことです。アドラー（一八七〇－一九三七）はそれだけでは何の意味もないといいます。むしろそれをどう育てるか、あるいはどう使うかが大事だというのです。もちろん、アドラーも遺伝を否定するわけではありません。

しかし、才能と遺伝を結びつけることについては、「人生の嘘」だとして強く批判しているのです。アドラーが「嘘」だと指摘するのは、生まれ育った環境や遺伝のせいにして、目の前の現実から逃げる態度です。遺伝や環境を言い訳にして、課題を克服する現実的努力を怠ることです。

遺伝自体は仕方ありません。誰だって遺伝の賜物ですから。いわばそれは無人島で与えられた最小限の道具みたいなものです。その場合私たちは、与えられたものを最大限効果的に使おうとするでしょう。よく無人島で一番大事なのはナイフだといわれます。サバイバルナイフなどという用語があるように、まさにサバイバルするためにはナイフが必要です。獲物を切ったり、木や草を切ったりと。工夫さえすれば、ナイフ一本でなんでもできます。

でも、人間はナイフだけで生きていくことはないと思います。そのナイフを使って新しい道具を作るはずです。自然にあるものを利用して、ナイフで加工するのです。それが人間のすごいところです。ほかの動物には真似のできない部分です。

そう、新しい道具を手に入れようと努力するのです。遺伝というのはそれに似ているように思います。アドラーは子ども時代の話をしていますが、大人になってからも同じだと思います。いや、生涯そうなのでしょう。

与えられた体、能力をどううまく活用していくかです。もともと体の弱い人もいるでしょう。もともと計算ができない人もいるでしょう。でも、たとえどういう状況であっても、それ以外にはないのですから、言い訳ばかりしていても仕方ありません。無人島だったら、その道具だけで生きていくよりほかないのですから。

人生一〇〇年を生き抜くのにも道具がいります。健康な体、そして考える力です。いずれも人それぞれでしょうが、うまく使いつつ、同時に鍛えていく。それがアドラーのいう課題の克服であり、理想の生き方です。

体でいえば、病気があるならうまく病気と付き合っていく。無理をしないということです。そして鍛えていくということです。考える力でいえば、できないことはうまくテクノロジーを使ったり、人に頼んだりする。そしてこちらも訓練によって伸ばしていくということです。

幸い人間は成長していく生き物です。最初に与えられたものだけで最後までやる必要はありません。リカレント教育をはじめ、人生一〇〇年時代に大人のための教育が叫ばれるのはその証拠です。健康の重要性が強調されるのも同じ理由からです。

アドラーの言葉は人生一〇〇年時代にはこう言い換えられるでしょう。「その持って生まれたものを、大人になってからどのように扱い続けるかということだ」と。

【愛について――哲学者が遺した人生訓9 フロム】

愛は能動的な活動であり、受動的な感情ではない。そのなかに「落ちる」ものではなく、「みずから踏みこむ」ものである。愛の能動的な性格を、わかりやすい言い方で表現すれば、愛は何よりも与えることであり、もらうことではない、と言うことができよう。

(フロム『愛するということ』)

与えるという行為が自分を積極的な存在に変える

人生が一〇〇年もあれば、なんどか恋をするのが普通でしょう。相思相愛でうまくいくかどうかは別として。でも、中には片思いさえすることがないという人がいます。なかなか恋に落ちないというのです。

そんな人にこそ、恋は踏み込むものであるというフロム（一九〇〇－一九八〇）の言葉を贈りたいと思います。人を好きになる気持ちは、突然生じることはありません。もしそういう人がいるとしたら、その人は実は積極的に人を好きになることを求めているのです。だから恋に落ちるのです。

つまり、恋に落ちたい人は、まず求めることです。ボケっとしていてはいけません。では、どうやって求めればいいのか？　逆説的ですが、それは与えることです。なんでもいいのです。人に何かをしてあげることです。別に好きな人にでなくてもいいでしょう。人助けでも、ボランティアでもなんでもいいです。

これはいいことをすれば、何か別のいいことがあるというような神頼み的な話ではありません。そうではなくて、人に何かをしてあげるには、バイタリティがいりますよね。実は人を愛するというのは、バイタリティがもたらす現象の一つにすぎないのです。人に何かをしてあげるには、エネルギーがいります。でも、やってみると身体は必然的に動かすことになるし、知恵も使うでしょう。その何かをやるという積極的な行為が、自分を積極的な存在へと変えるということです。

そうして積極的な人間になれば、恋もし始めます。だから恋多き人は、仕事もできるし、なんでもやれるのです。皆さんの周りにもそういう人がいるのではないでしょうか。もしいたら、きっと魅力的な人に違いありません。バイタリティは魅力なのです。人生一〇〇年時代の恋には、そんな魅力が求められるように思います。

特に年をとると、だんだんバイタリティが失われてきます。そうすると、たとえそのときは独り身でも、もう恋をしようという気にはなれないのです。それほどもったいないことはありません。年齢にかかわらず、恋は誰にとっても楽しいものです。人生を刺激的なものにしてくれます。だからまずは誰かのために何かをしてあげることです。それによって、バイタリティは枯渇することなく保たれていきますから。

【運命について——哲学者が遺した人生訓10　アラン】

どんな運命もそれをよいものにしようと欲するならば、よい運命となるのだ。自分自身の性質について、とやかく言うことほど自分の弱さをあかししているものは何もない。

(アラン『幸福論』)

運命は都合よく使えばよい

人生の長さにかかわらず、人は運命に支配される生き物です。よくも悪くも運命は私たちの人生を左右します。運命を否定したい人もいるでしょうが、どこの国にもそれと同義の言葉があるように、少なくとも人間である限り、多くの人が運命の存在を信じているのはたしかです。

そこで大事なのは、運命とどう付き合っていくかです。アラン（一八六八－一九五一）は運命でさえ意志次第でなんとでもなると考えています。もともと楽観主義者で有名な哲学者ですから、いかにもアランらしい考え方なわけですが、でも最新の運命に関する議論でも同じような考え方をする人はいます。

いわゆる決定論と呼ばれる議論ですが、人間には自由があるかどうかという論争です。すべては宇宙誕生以来の物理現象の結果であって、私たち一人ひとりの行為さえも運命として決まっていたと考える立場が一方にあります。

それに対して、人間には自由意志があって、その運命に抗うことができると考える立場もあるのです。

その場合、運命を否定するわけではなく、あくまで運命を前提にして、それでも今私たちは自分の自由意志に基づいて行動することができるというのです。たしかに、私が今ここで急に立ち上がったとしましょう。それは運命で決まっていたかもしれませんが、私が今そう決めて立ち上がったというのもまた事実なのです。

その意味で運命さえなんとかなるというのであれば、アランのいう通りだと思います。要は気持ちの問題だということです。人生一〇〇年の間に起こることを、すべて運命のせいにして嘆いて生きるのはもったいないでしょう。

運命はもっと都合よく使うべきです。たとえば恋愛で運命の人に出逢うというように。本当に運命かどうかはわかりませんが、運命だと思い込むことで、相手の存在が特別に思えてきます。運命という言葉にはそういういい意味もあるのです。この場合は、むしろ運命に振り回されるというより、運命を意志によって支配しているといってもいいのではないでしょうか。さて、皆さんは一〇〇年のうちにいくつの運命に出くわすか……。

【人生の山と谷について——哲学者が遺した人生訓11　ヒルティ】

どのような人生行路にもすべて段階があるということ、そして、およそ価値ある生涯ならば、たとえば牧場をさらさらと流れる澄んだ小川のようにまるで変化のないものではな

く、あるいは、人工の運河のように始めから終りまで一直線に走ってゆくものでもないということである。（ヒルティ『幸福論』）

希望があるかぎり「よし」と評価する

人生が一〇〇年あっても、ずっと平坦だというわけではありません。おそらく山あり谷ありで、色んなことが起こるのが普通でしょう。

ヒルティ（一八三三 - 一九〇九）によると、人生には三つの時期があって、うまくいく時期とそうでない時期が交互に現れると論じています。たとえば、最初うまくいくと、その後厳しい時期があって、また最後はよくなるというふうに。

たしかに人間は、うまくいくと調子に乗るものです。それで失敗します。しかしその失敗を乗り越えて、成功するのです。人生は、最初はうまくいっていても何らかの問題が起こります。しかし、みなそれを乗り越えようとするのです。そう考えると、いつか失敗する時期がくるのではないかと、生きるのが不安になりそうです。

しかしヒルティは、むしろ苦労する時期が必要だといいます。そうでないと、自分も正しい道に達しないし、人の痛みもわからないからです。では、この場合、いつの時期がうまくいけば、人生はうまくいったといえるのか。

終わりよければすべてよしといいますが、人生一〇〇年に当てはめると少し寂しい気もします。長い人生ずっとうまくいかず、最後だけよくても面白くないでしょう。かといって、最後が悲しいのもつらいですよね。平均的によかったらいいようにも思いますが、はたしてそれはどういうことなのか。

もちろん人によるのでしょうが、少なくとも失敗を乗り越えようと努力し続けることができる限りはうまくいっているといっていいような気がします。なぜなら希望があるからです。もう努力のしようもないというのでは、絶望するよりほかありませんから。最期のほうまで決してうまくいってなくても、少しでも希望があれば「よし」とすべきなのでしょう。

ヒルティはこうもいっています。「人間は、盲目的に支配する運命の意のままに盲従する奴隷でもない」と。人生が平たんな道ではないとすれば、それを受け入れて、失敗しても前向きに努力していくよりほかありません。

人生一〇〇年時代には、ヒルティのいう三つの時期が何度も訪れることでしょう。大切なのは、その都度努力し続けることだと思います。ヒルティは『幸福論』にこの言葉を記していのですが、これこそが幸福になるための秘訣なのです。

【容姿の衰えについて——哲学者が遺した人生訓12　サルトル】

人間はあとになってはじめて人間になるのであり、人間はみずからが作ったところのものになるのである。（サルトル『実存主義とは何か』）

人生は劣化のプロセスではなく、成長のプロセスと捉える

人生というのは、ある意味で自分を作り上げていく営みだということができます。なぜなら、サルトル（一九〇五－一九八〇）がいうように人間とはもともとは何者でもなく、あとから人間になっていく生き物だからです。そこがほかの動物やモノとの違いです。

生まれたばかりの赤ん坊は何をすることもできません。でも、言葉を覚え、思考することを覚える中で、どんどん大人になっていくのです。いわゆる成長です。体の成長だけならほかの動物も成長しますが、精神面での成長や思考力の成長は人間に顕著にみられるものです。

しかもそれは自分次第でいくらでも伸ばせるというのがサルトルのいいたいことです。

人生一〇〇年というのは、その成長のプロセス自体が一〇〇年にもわたることを意味します。「一〇〇年成長物語」です。

たしかに体だけに着目すると、晩年は衰えていくかのように見えますが、精神は人生の最期まで成長するといっていいでしょう。認知能力も体の話であって、精神とは異なります。

いつまでも成長できるとは、なんてすばらしいのでしょう。しかもそれが一〇〇年も続くのです。そんなふうに捉えると、人生をもっと楽しめるのではないでしょうか。少なくとも私はワクワクしてきます。

今日よりも明日のほうが、明日よりも明後日のほうが「よりよい自分」になれるということです。よく「二〇代の頃と違って」などといいますが、二〇代をすぎると、どうも私たちは人生を劣化のプロセスのようにみなしがちです。ましてや六〇代にもなれば、昔だったらもう引退していたなどといいがちです。

でも、人生一〇〇年時代にそんなことをいっていたら、八〇年間も劣化し続けなければなりません。だから視点を変える必要があると思うのです。劣化のプロセスではなく、成長のプロセスとして捉え直すのです。

そのためには、外見にこだわる価値観を捨てる必要があるでしょう。そもそも劣化というと、外見が衰えていくことに影響されている部分が大きいように思います。皮膚が垂れ下がり皺ができ、白髪が増えて髪が抜けたりといった変化に、過敏になりすぎているのではないでしょうか。

だから必死になってアンチエイジングするのです。整形までして。これに対しては、老いが美しいと考えられればそれでもいいですが、無理にそんなふうに思い込まなくても、外見なんてどうでもよくなれば、一発で解決します。

これまでの時代は、なんとか若い頃の姿を維持して、七〇歳でも五〇歳に見えるように無理をしてきました。そうして若い姿のまま最期を迎えることがかろうじて可能だったわけです。

しかし、人生一〇〇年時代になると、いくら二〇歳若く見えても八〇歳です。今もそうですが、八〇歳と一〇〇歳は五十歩百歩でしょう。したがって、ある程度の年齢になれば、いっそ外見にこだわるのをやめればいいのです。

そうすると、必然的に内面重視になりますから、それなら年をとっても劣化していないといえるわけです。「人は見た目が九割の時代」から、「見えない部分が九割の時代」への転換です。

【飲食について――哲学者が遺した人生訓13　エピクロス】

いっさいの善の始めであり根であるのは、胃袋の快である。知的な善も趣味的な善も、これに帰せられる。（エピクロス『エピクロス―教説と手紙』）

飲食こそ幸せの源

このエピクロス（前三四一－前二七〇）の言葉を人生一〇〇年時代のためのスローガンふうに超訳すると、「食べることこそがハタラクシアワセをもたらす」という感じになるでしょうか。「働く幸せ」をあえてカタカナ表記にした理由は、後ほどわかっていただけると思います。

人間は食べないと生きていけません。しかもただ食べればいいというのではなくて、正しくかつ楽しく食べることが必要なのです。そうしてはじめて、長きにわたって健康に、楽しく働き続けることができるといえます。だから食べることが働く幸せをもたらすと考えるのです。

私も食べることや飲むことが大好きです。自分でおいしいおつまみを作り、晩酌を楽しむ夜の時間はもはや趣味の時間だといっても過言ではありません。その時間が翌日の仕事の活力にもなっているのです。

エピクロスがいいたいのも、そうして飲み食いすることで、快楽を味わうことができ、その結果幸福になるということだと思います。そこには、家での食事だけでなく、もちろんビジネスランチや宴会も含まれるでしょう。

エピクロスは、そんな飲み食いを愛する人間の本質にまでさかのぼり、新しい価値観として快楽主義を唱えました。もっとも、エピクロスの快楽主義は、ただ単に過剰な快楽を求めるものではありません。それだと逆に苦しむことになってしまいます。彼はあくまで心の平穏を目的としていた点に着目する必要があります。エピクロスはその心の状態を「アタラクシア」と呼んでいます。

飲み食いも同じです。いくらおいしくても、食べすぎ飲みすぎは、翌日の仕事に支障をきたします。ここで働く幸せをカタカナで表現した意味がわかってもらえましたでしょうか。そう、言葉遊びですが、アタラクシアこそ「ハタラクシアワセ」をもたらすものなのです。

人生一〇〇年時代は、誰もが最後まで働く時代です。もちろん広い意味で。人によっては趣味かもしれませんし、また別の人にとってはボランティアかもしれません。いずれにしても、いつまでも生き生きと外で活躍できる時代なわけです。だから働くイコール幸せなのです。それが食べることによって実現されるというのですから、飲食は最重要事項の一つです。

人間の身体は、食べないと動きません。また、食べたものによって日々細胞が再生されているのです。年をとればとるほど身体は弱ってきますから、何をどう食べるかについては細心の注意を払う必要があります。そのためのベストな方法は、自分で作ることです。それは楽しいことでもあります。ぜひ男女を問わず、若いうちから料理を学んでおくことをおすすめします。

【偶然について——哲学者が遺した人生訓14　九鬼周造】

偶然性は不可能性が可能性へ接する切点である。（九鬼周造『偶然性の問題』）

偶然に感謝して生きる

九鬼周造（一八八八－一九四一）のこの言葉は、「偶然のおかげで不可能だったことが可能になる」といったような意味です。九鬼周造によると、いかなる物事も無数の可能性の中から生じたものです。しかも、それらすべては偶然に生じただけです。

たとえば、私が今朝家を出て、夜無事に帰ってこられたのも偶然のおかげです。目の前をたくさんの車が走っていましたが、ひかれることはありませんでした。工事現場の横を通ったときも、上から重いものが落ちてくることはありませんでした。

そんなの当たり前だと思われるかもしれませんが、はたしてそうでしょうか？　世の中には、車にひかれる人もいれば、工事現場で事故に巻き込まれる人もいます。それが私の身に降りかかってもおかしくはないということです。偶然、私はそういう目には遭わなかっただけです。

すべては偶然の重なりで起こっているのです。言い換えると、この世に存在しなかったものが存在するようになるのは、偶然が生じたおかげなのです。恋人との出逢い、子どもとの出逢い、自分自身がこの世に生まれたことさえも。その意味で、私たちは偶然に感謝する必要があります。九鬼はそれを運命として愛せよといいます。

人生は偶然の連続です。人生が長くなればなるほど、偶然の数も多くなるということです。過去に起こった出来事が後から関係してくるというパターンの偶然もよくあります。同級生とばったり再会したとか、昔やっていたことが役に立ったというように。

つまり、人生が一〇〇年になれば、これまで以上にそうした偶然に出くわす機会が多くなるのです。その意味で、これからの人生はより偶然に満ちたものになるでしょう。誰にも予想不可能な、複雑な方程式になっていくのです。

だからあまり色んなことを予想し、あれこれと心を悩ます必要はないのです。その反対に、今どんなに不幸でも、もしかしたら偶然の重なりによって奇跡が起こる可能性もあります。つまり、どっちにしてもいいように考えられるということです。

偶然の掘り出し物を意味する「セレンディピティ」という言葉がありますが、人生一〇〇年時代はセレンディピティにあふれているはずです。これまでの人生がいつものスーパーでいつもの品を買って帰る毎日だったとしたら、これからは毎日あたかもフリーマーケットで買い物をするようなものです。「こんなところに掘り出しものが！」「あ、お宝が！」と喜びの声を上げながら生きていけるなんて、とても素敵なことだと思いませんか？

【リスクについて――哲学者が遺した人生訓15　パスカル】

われわれは絶壁が見えないようにするために、何か目をさえぎるものを前方においた後、安心して絶壁のほうへ走っているのである。（パスカル『パンセ』）

リスクを恐れない知恵を見出す

パスカル（一六二三‐一六六二）のこの言葉は、「リスクがあっても恐れなくていい知恵さえ見つけられれば、安心して前に進める」というような意味にとれると思います。たしかに人生、一寸先は闇です。絶壁が待ち受けているかもしれません。でも、だからといって恐れていては、一歩も進めなくなってしまいます。

『パンセ』には箴言集のような側面がありますから、実はこの言葉はもう一つ別の意味にとることも可能です。つまり、目の前に絶壁があるにもかかわらず、それをあえてさえぎって安心して突っ込んでいくなんて、なんと人間は愚かなのだろうというふうに。

しかし、私はこのような解釈をしたくはありません。なぜなら、人間は何があろうと生きていかなければならない存在だからです。たとえ絶壁があったとしても、前に進まざるを得ないのです。それを愚かだというのは、少し違うように思うのです。

これは人生の決断にも当てはまる理屈です。リスクを恐れてばかりいては、決断できません。どこかで目をさえぎるものを置く必要があるのです。問題は、具体的な場面において、どうやってリスクを恐れなくていい知恵を見出すかです。絶壁なら目をさえぎるものを置けばいいわけですが、人生にはさまざまな形のリスクがありますから。常に私たちの知恵が試されています。

たとえば、転職のタイミングなどはその典型でしょう。それまでやってきたことを止め、新しいことにチャレンジするときは、常にリスクを伴うものです。もちろん最大限そのリスクに備えるための手段は講じるのでしょうが、それでもリスクは残ります。恐れていては、転職などできないのです。

だから決断するよりほかありません。この場合のリスクを恐れない知恵とは、ある種の開き直りだと思います。いくら備えても、リスクはなくならないと割り切ることができたとき、はじめて私たちは新しい一歩を踏み出すことができるのです。

【旅について――哲学者が遺した人生訓16　マルクス・ガブリエル】

本当の旅行では、なじみのない物ごとに触れる驚きを体験するものです。わたしたちとは異なる環境に暮らす人たちがしている多くのことは、わたしたちには疎遠・珍奇に映る。ほとんど意味がわからないことさえある。わたしたちは、その人たちの振る舞いを理解するように努めるほかありません。（マルクス・ガブリエル『なぜ世界は存在しないのか』）

異文化を体験することで、物の見方は変えられる

ドイツの若き天才と呼ばれるガブリエル（一九八〇－）は、新実在論という新しい哲学を掲げて、世界を魅了しました。

彼がいっているのは、物事は私たちの見たままに存在しているということです。つまり、一〇〇人が同じ物を見ているとき、一〇〇通りの見方があるだけでなく、実際にその物は一〇〇種類存在しているということです。

そんなばかなと思われるかもしれませんが、物事は人が意味づけることによってはじめて存在します。その点で、人による意味付けと、物事の存在を結び付ける発想は、理にて

適ったものといっていいでしょう。

冒頭に引用した文章も、そうした思想の表れとして読むと、ガブリエルのいいたいことがよくわかるのではないでしょうか。つまり、旅行をすると、現地の人たちの行いや物の捉え方に驚くことがあるということです。なぜなら、彼らは独自の文化を持っているからです。海外旅行に行くとより感じるでしょう。

たとえば、食文化。私たちは当たり前のようにお刺身を食べますが、それが普通ではない国もあります。逆に私たちが食べない物を食べる国もたくさんあります。そうすると、同じ食べ物を前にしても、その存在の意味がまったく異なってくるわけです。

それは私たちにとって大いに刺激になります。旅行の意義は、本当はそこにあるのではないでしょうか。異なる文化を体験することで、物の見方が変わる、新鮮な気分になれる。ガブリエルはそういう体験ができる旅行を本当の旅行と呼ぶのです。

長い人生、刺激があったほうが楽しいに決まっています。その意味で、どんどん本当の旅行を楽しむべきだと思うのです。これまでは世界一周なんてよほどの時間的余裕がないとできませんでした。でも、これからは全員が世界一周をして、世界を自分の目で見てくることにしてもいいのではないでしょうか。できるだけ若いうちに。

何もパックツアーでお金をかけてやる必要はありません。若いのですから、貧乏旅行で十分です。そのほうが現地の本当の姿を見ることができるでしょう。そういう時間を一、二年与える。数年でもいいくらいです。そうすれば、世界に対する理解が深まり、自分にとってプラスになるだけでなく、世界にとってもプラスになると思うのです。

国同士の対立は、そうした経験のない人たちによって世の中が支配されているからです。友達がいる国、自分が訪れてよくしてもらった国とケンカをしようとは思わないはずです。それに、何か食い違いがあっても、単に見方が違うだけだと思えるはずです。

もちろん、若いときだけでなく、いくつになっても旅行はいいものです。その都度新しい発見があるでしょうから。ぜひ人生一〇〇年時代を世界旅行の時代にしましょう。

【理想と現実について——哲学者が遺した人生訓17　ヘーゲル】

理性的であるものこそ現実的であり、現実的であるものこそ理性的である。（ヘーゲル『法の哲学』）

人生は自分で理想的なものにしていかなければならない

ヘーゲル（一七七〇－一八三一）のこの言葉は、「理性と現実を一致させなければならない」という意味になります。ここでいう理性とは、現実という言葉と対比するとき、むしろ理想と捉えていいでしょう。つまりヘーゲルは、理想と現実を一致させるべきだと主張するのです。

この言葉は、彼が理想の社会のあり方について論じた『法の哲学』の序文で謳われているものです。理想の社会というのは、浮世離れしすぎることなく、現実に即したものでなければならないと考えたのでしょう。それと同時に、現実に安住していてはだめで、理想を求めなければならないと考えたのだと思います。だから両者を一致させる知恵や努力が常に求められるのだと。

人生も同じだと思います。現実を無視した無謀な計画は、理想ではなく妄想にすぎません。かといって、現状に甘んじているようでは、人生は一向に好転しないでしょう。そこを変えるには、両者を一致させなければならない。

注意が必要なのは、ヘーゲルは決して理想と現実のバランスをとればいいなどと考えているわけではない点です。それではただの妥協にすぎません。物事の発展を模索し続けたヘーゲルが求めるのは、より高いレベルでの両者の一致です。知恵や努力が求められるのはそのためです。

初めから理想的な人生なんてあり得ません。人生は自分で理想的なものにしていかねばならないのです。これは決して単なる精神論ではありません。現にヘーゲルは、現実を理想に変えるための方法についても論じています。それがかの有名な弁証法にほかなりません。

生じた問題を切り捨てることなく、むしろ内部に取り込んで発展させるという論理です。いわばマイナスを逆説的にプラスに変える思考法です。だから理想を実現することが可能になるのです。病気だからこそ健康な人にはできないことをやるとか、限られた時間だからこそ懸命に生きるといったように。いかなる現実も理想に変え得るのです。

考えてみれば、人生一〇〇年時代そのものがマイナスをプラスに変えるための対象だともいえます。長い人生をどうすごすか、悲観的にならずに楽しむ方法を考える。あるいは、高齢になることを心配するのではなく、生き生きとすごす方法を考える。そうした知恵が求められるからです。本書で論じていることはすべて、そうした人生一〇〇年時代のマイナスをプラスに変えるためのアイデアばかりです。

この動かしがたい現実を悩みの種にしてしまうのか、理想を実現するための課題と捉えるのかは、私たち次第なのです。今こそ人類の知恵が問われています。

【利己心の扱い方について――哲学者が遺した人生訓18　アダム・スミス】

われわれは自己規制によって、自分たちの現在の欲望を、べつの機会にもっと十分にみたすために抑制するのであるが、その自己規制は、おなじようにして、効用の側面からと同様に適宜性の側面からも、是認されるのである。われわれがこのようなやり方で行為するとき、われわれの行動を左右する諸感情は、観察者のそれと正確に一致するように思われる。観察者は、われわれの現在の諸欲望の誘惑を感じない。（アダム・スミス『道徳感情論』）

心の中に「公平な観察者」を育てる

人生一〇〇年時代、私たちはお金とどう付き合っていけばいいのでしょうか。長く稼げるのだから、とにかく稼げるだけ稼ぎ続ければそれでいいのかどうか。その際参考になるのが、冒頭のアダム・スミス（一七二三－一七九〇）の言葉です。よく知られているように、スミスは主著『国富論』の中で市場経済のメカニズムについて論じています。市場における個人の利益追求が、結果として適切に配分され、あたかも神の見えざる手に導かれるがごとく、自然に経済が成長していくというものです。

これに従えば、人はどんどんお金儲けに邁進すればいいということになるのでしょう。ところが、そのスミスにはもう一つの重要な著書『道徳感情論』があります。ここには、逆に利己心を抑えて道徳的に生きるための方法が書かれています。近代経済学の父は、同時に経済活動における道徳の父でもあったのです。

スミスがこの一見矛盾するような二種類の本を著したのには理由があります。たしかに、利己心が手放しで社会の繁栄につながっているなら、それは望ましいものだといえるでしょう。ところが、もし社会の繁栄そのものに何か問題があるとするならどうでしょうか。そうした場合、自分の利益を追求する利己心を肯定しつつも、そこに何らかの道徳的歯止めをかけていく必要が出てくるでしょう。

では、何が私たちの利己心に歯止めをかけるのか？　それは他者の感情や行為について適切性を判断する心の作用です。スミスはそれを「同感（sympathy）」と呼びました。誰もが同感する能力を持っているため、私たちは互いに同感を求めて発言し、行動しようとするのです。言い換えると、他者からよく思われるように行動するようになるわけです。

そうした感覚を持つためには、誰もが客観的に事態を観察できなければなりません。どの程度であれば周囲も納得してくれるか、一歩引いて見る能力が求められるのです。つまり、あたかも裁判官のような、利害や関心のない心の中の「公平な観察者」によって、自分や他者の行為を判断する必要があります。

人生が長くなれば、稼ぐお金も多くなると同時に、必要なお金も多くなります。ですから、これまで以上に慎重にお金に向き合っていかなければならないのです。できるだけ早いうちに自分の中の「公平な観察者」を育てることをおすすめします。

【知識について——哲学者が遺した人生訓19　デューイ】

道徳的な善や目的というのは、何かを行わねばならない場合にのみ存在する。（デューイ『哲学の改造』）

知識は道具、何かをするために身に付けるもの

人生一〇〇年時代に備えて、私たちは何を学んでおけばいいのでしょうか。このようなことをいうと、つい私たちはどんな知識を身に付ければいいのかという発想をしてしまいます。

たしかに、これまでの日本の教育は、知識を暗記することが中心だったので、そういう発想になるのも致し方ありません。ただこれからの時代は、知識だけを身に付けてもあまり意味がないのです。むしろその活用方法をしっかりと身に付けるべきでしょう。

そこで参考になるのが、冒頭のデューイ（一八五九－一九五二）の言葉に象徴されるプラグマティズムです。プラグマティズムとは、ギリシア語で行為や実践を意味するプラグマという語に由来し、アメリカで発展してきた思想です。

中でもデューイのそれは、知識は道具にすぎないとする極めて実践的なものです。デューイは、私たちの日常を豊かにすることを哲学の目的に据えました。そうすると、思想や知識はそれ自体に目的や価値があるのではなく、人間が環境に対応していくための手段となります。知識は人間の行動に役立つ道具として捉えられるのです。そこで彼の立場は、道具主義と呼ばれます。

知識は道具として使ってはじめて意味があるという発想は、知識をただ知識として暗記することに終始してきた日本人にとって、新鮮であると同時に理解が難しいものでもあります。しかし、何かに使うために知識を学ぶのだと逆に考えれば、割と理解しやすいと思います。

知識を学んで何かをするのではなく、何かをするために必要な知識を学ぶ。この態度さえ身に付けておけば、長い人生何が起ころうと、その都度学ぶべきものを見極めることが可能になるはずです。だからまずプラグマティズムなのです。

【社会活動について――哲学者が遺した人生訓20　アーレント】

人びとは活動と言論において、自分がだれであるかを示し、そのユニークな人格的アイデンティティを積極的に明らかにし、こうして人間世界にその姿を現わす。（アーレント『人間の条件』）

家事労働や会社で仕事をするだけでは人間らしい生活は成立しない

人生一〇〇年時代、せっかく時間があるのですから、仕事以外にも何かしたいとか、何かしなければならないと思っている人も多いことでしょう。あるいは、引退してから何をすればいいのか迷っている人もいるはずです。

そういう人たちには、ぜひアーレント（一九〇六－一九七五）の説く活動（アクション）をおすすめします。彼女は、人間の営みには三つあるとしています。労働（レイバー）、仕事（ワーク）、活動（アクション）です。

つまり、労働というのは、人間の肉体の生物学的過程に対応する活動力を指します。自然性とでもいいましょうか、食事を作ったり、洗濯をしたり、いわば生きるために必要なものを生み出す活動です。

これに対して、仕事とは、人間存在の非自然性に対応する活動力を指します。この場合生み出されるのは、道具や建築物のような工作物です。

アーレントがユニークなのは、この労働と仕事の区別のほかに、活動の意義について論じている点です。活動とは、いわば言論による草の根の政治活動のことです。そこまで大げさなものでなくても、地域活動を思い浮かべてもらうといいでしょう。

アーレントによると、人間は政治的な動物なのです。共同体で、議論して物事を決め、ともに支え合っていく存在のことです。そんな人間にとっては、活動が不可欠なのです。それは狭義の意味での働くこととは異なりますが、やはり人間に必要な営みであることには違いありません。だから有償無償を問わず、働くことの一つとして入れるべきだというのです。結局、労働や仕事だけでなく、活動を取り入れた生活こそが、人間らしい生活だといえるわけです。

仕事が現役の時は週末や平日の夜に地域活動に参加するといいでしょう。そして、仕事を引退してからは、どんどん積極的に地域に貢献すればいいのです。ただしその際、現役時代の肩書や地位を振りかざしてはいけません。地域はあくまで公共の場です。それはみんなにとって開かれた場であって、その開かれた状態を保持するためには、フラットな関係が不可欠です。だから肩書は不要なのです。きっとそんなものないほうが、自分も立場を越えて楽しくコミュニケーションできるはずです。

【5章】

新しい時代の哲学

――人生一〇〇年時代に求められる新しい哲学とは？

この最終章では、これまでお話ししてきたことを踏まえて、私なりに人生一〇〇年時代の生き方を新しい哲学としてまとめていきます。「今日楽的生き方」をさらに具体的に表現するとどうなるか、さまざまな視点から試みたいと思います。

その際、従来はどういう哲学で人々は物事を捉えていたのか、比較するように心がけています。いずれも「○○型」と表現しているので、気に入ったものがあれば、ぜひ皆さんの人生にも採用していただけると幸いです。

ハリウッド映画型ではなく、韓国ドラマ型

なぜ韓国ドラマは面白いのか

私はハリウッド映画の大ファンでした。一時期は毎日一本見るほどの勢いで、映画雑誌に映画評論を頼まれたり、自分でも本や雑誌、Ｗｅｂなどの連載では必ずといっていいほど映画に触れていました。映画祭を主催したこともあります。

ところが、最近はめっきり映画を見る機会が減りました。もちろん話題作などは見るようにしていますが、わざわざ毎晩見ることはなくなったのです。その代わり、この一年ほ

どの間、ほぼ毎日「韓国ドラマ」を見ています。

よく冗談で専業主婦のような趣味ができたといっているのですが、それはこの韓国ドラマのことです。これは別に専業主婦に対する偏見でも何でもなくて、専業主婦が概して韓国ドラマファンであることは周知の事実だからです。専業主婦に韓国ドラマファンが多い理由はたくさんあります。それはまた別の分析になるのですが、ざっと挙げると、韓国ドラマは昼間テレビでやっていること、一つの物語が長く続くこと、恋愛ものが多いことなどです。

しかし、韓国ドラマの最大の魅力は、どんでん返しが多いことだと思います。長いものだと五〇話以上もあるので、何度もピークがあるわけです。ストーリーが、起承転結で一つの山場があるだけといった単純なものではないのです。それだと五〇話も引っ張れません。

日本のドラマともよく比較されますが、何が違うかというとやはりこの長さでしょう。だからストーリーが面白くなるのです。私も日本のドラマより面白いと感じてしまうのですが、最初はもっと別のところに理由があると思っていました。つまり日本人にとっては、登場人物の顔つきや服装、背景が日本に似ているのに少し違うという部分が、疑似現実として私たちを惹《ひ》きつけているのだと思ったのです。

ところが、海外からの留学生たちとこの話をしていると、韓国ドラマはどこの国でも人気があることが判明しました。タイもそうですし、オーストラリアでさえも。やはりコンテンツそのものが面白いようです。

たしかに二時間程度の映画では、あのどんでん返しは描けません。物理的に無理なのです。現に韓国の映画はやはりハリウッド映画と同じです。どんなに面白い作品でも、五〇話分の描写にはかないません。単純に計算しても、ドラマが一話一時間なら映画の二五倍の時間をかけて描いているわけですから。

ただ、いくら面白くても、五〇話も続くものをずっと見るのは大変です。忙しいビジネスパーソンだと、月に一本映画を見るのが関の山でしょう。とすると、五〇話見るのには二五か月、つまり二年以上の月日が必要になります。そもそも月に一回二時間見て、次に一か月後に見たときには、前の話を忘れています。

だから韓国ドラマは連続で見られる人向きなのです。せめて週一回とか。現に日ごろから忙しくしている知人は、興味のあるドラマがあったけれど、一二〇話もあったのであきらめたといっていました。ちなみに、私の周囲の韓国ドラマファンは、ＤＶＤやネットでの配信サービスを利用して、毎日見ている人が多いです。面白いので、なかなかやめられないのです。

そういう特徴があるので、韓国ドラマは暇人が見るもののように揶揄されたりします。先ほど私が専業主婦のような趣味といったのはそうしたからかいを、自虐的に表現したものです。でも、逆にいうと、韓国ドラマを見る余裕があるということは、ゆとりを持って生きている証拠だといえます。実際、私がハリウッド映画やめて、韓国ドラマを見るようになったのは、焦らず生きるようになったからです。

慌てずに、生き急がない人生を

日本では、ハリウッド映画でさえ長いと感じられていました。そうした理由から忙しい現代人にショートフィルムをすすめる人もいます。でも、時間に芸術が制約されるなんて、本末転倒ではないでしょうか。その点、韓国ドラマはたっぷりすぎるくらい人間の心理を描写したり、どんでん返しをしたりします。

そこが実際の人生に酷似していてリアルなのです。実際の人生は二時間では要約できません。五〇時間でも足りませんが、でも、まだましです。これは映画やドラマに限ったことではありません。

人生一〇〇年時代というのは、慌てず生きる時代だといっても過言ではありません。せっかく時間があるのですから、たっぷり時間をかけて楽しめばいいのです。これまで、「一時間でわかる」とか、「三時間でわかる」などといったフレーズがもてはやされてきました。それだけ現代人は忙しかったのです。そして生き急いできたのです。でも、もうそんな必要はありません。

これからは「五〇時間でわかる」、いや「五〇時間でもわからない」というキャッチフレーズが必要です。嘘ではありません。韓国ドラマも同じようなテーマのものが多いですが、いくつ見てもまだわかりません。愛も友情も裏切りも。だからまた新しいドラマを見るのです。

ハリウッド映画型人生と韓国ドラマ型人生というのは比喩《ひゆ》にすぎませんが、少なくとも私にとっては現実的な二つの選択肢、あるいは生き方です。そして人生一〇〇年時代を意識した今、どうしても韓国ドラマに夢中になってしまうのです。

短距離走型ではなく、ロングトレイル型

人生の後半をネガティブに考えない

人生とは歩んでいくものです。あるいは駆け抜けるという表現をする人もいます。まさにそれをどう喩えるかによって、その人の生き方が決まってくるわけです。あるいは人生を道にたとえて、上り坂だとか下り坂だとかいう人もいます。

まずこの上り坂下り坂という表現についてですが、個人的にはあまり好きではありません。なぜなら、人生はいつも山あり谷ありだと思うからです。

仮に前半生は目的に向かって頑張るという意味で上り坂、後半生は人生をまとめにかかるという意味で下り坂というのだとしても、やはり同意できません。人生をまとめにかかるのが下り坂だとはとても思えないからです。

同じ意味で、帰り道とか折り返し地点というのも嫌いです。どうしても後半生を軽視しているように聞こえるからです。

前にも書きましたが、人生が五〇年とか六〇年とかいう時代にはそれでもよかったのか

もしれません。でも、人生一〇〇年時代となると、そう単純に前半後半に分けるわけにはいかないのです。後半が五〇年もあるのに、それをネガティブに捉えること自体が問題だからです。

財産をどう残すかとか、何を墓場に葬るか等について考え、準備する「終活」という言葉がありますが、あれは人生の最後の数年くらいにやればいいのです。あたかも人生の後半五〇年を終活みたいに捉える発想は、それこそ墓場に葬りましょう。

勝ち負けではなく、一歩一歩の意味を大事にする

私が抱いているのは、坂のイメージではなく、スタート地点からゴールまでを探索するちょっとした旅のイメージです。だから駆け抜けるというのもニュアンスが違うのです。あたかも人生は短距離走であるかのように、最初から最後まで駆け抜ければいいと考えている人がいます。でも、人生が一〇〇年もあると、それは無理です。

がむしゃらに走るのではなく、むしろ自分のペースで歩きながらプロセスを楽しむべきでしょう。山や森の景色を楽しみながら、自分のペースで歩く。もちろん走りたくなったときには走ってもいいでしょう。それができるのは短距離走でも登山でもなく、ロングトレイルです。だから人生一〇〇年時代の歩き方は、ロングトレイルにたとえるべきだと思うのです。

ロングトレイル型の人生は、ゴールに早く着くのが問題ではありません。一歩一歩の意味を大事にするところがポイントです。だから誰かとの勝負でもなければ、記録との勝負でもない。自分がその瞬間をいかに楽しんでいるかがすべてなのです。山や森の景色は一歩ごとに変わります。その変化を常に前向きに受け止め、次の一歩へとつなげる。

何か新しい発見があれば、立ち止まってもいいでしょう。見たこともない景色が目の前に広がっているなら、それはじっくりと目に焼き付けておくべきです。ただ全速力で駆け抜けるとき、少なくとも私は何も考えることができません。まるで脳みそまで筋肉になったかのように、無酸素運動に集中するだけです。ところが、森の中をゆっくりと歩くとき、逆に全身が感覚器官となり、同時に全身が脳になります。

鳥の声に耳を傾け、皮膚さえも森のマイナスイオンを感じ取り、その意味を考えるのです。人間と自然の関係、なぜ自分は今ここを歩いているのか。歴史上、散歩しながら哲学してきた人たちはたくさんいます。古くは古代ギリシアのアリストテレスのように逍遥《しょうよう》学派と呼ばれた人たち、そして散歩を日課にしていた近代ドイツのカント、京都の「哲学の道」で有名な日本の西田幾多郎など。

歩きながら、移り変わる景色に敏感になることは、脳に対する刺激になるのでしょう。その点でもロングトレイル型の人生は、私たちの日常を豊かなものにしてくれるはずです。何も考えない人生より、たくさん考える人生のほうが意義深いものになるからです。

読書型ではなく、作家型

読書感想文は有効だが、それだけでは……


人生一〇〇年時代は、社会や世間の軸ではなく、自分軸で生きるべきだと説いてきました。それを象徴的に表すとすれば、読書型ではなく作家型で生きるということになるでしょうか。

本とは何かと問われれば、私たちは読むものだと答えるでしょう。それが普通の考え方です。誰かの考えや意見を参考にするためです。

もちろんそれはすごく大切なことですが、ただ読むだけでは受動的な営みで終わってしまいます。だから読書をした後は、自分ならどう考えるかといったように自分に落とし込む作業が必要なのです。それが読書感想文です。

小学生の頃から、本を読んだ後はそれについて感想を書くという習慣を身に付けさせられたはずです。そうして私たちは、わざわざ書かずとも、自分だったらどうするかとか、これをどう生かせばいいのかという発想を自然にするようになります。

でも、本当に自分の考えを表すためには、単なる感想にとどまるのではなく、自分自身が本を書いてみるのが一番だと思います。知識としてほかの本を参考にしながら。高校生までの作文、そして大学生になって書くレポートなどはそうした営みに似ています。

そして、中には実際に本を書く人も出てきます。自分の考えをまとめたいという思いからでしょう。人によって評論であったり、エッセーであったり、あるいは小説の形式で書く人もいるかもしれません。

自分の考えをまとめる習慣を身に付ける

実は本を書きたいと思う人は、本を読みたいと思う人よりもたくさんいるといわれます。本を出版するのはマーケットがあるので大変ですが、書くだけなら誰でもできます。いや、自費出版という形であれば誰でも出版することさえできます。ネット上で発表するのなら今すぐでも可能です。

ただ問題は、時間がないことだと思います。本を書いている余裕なんてないと。そこで人生一〇〇年時代の登場です。時間はたっぷりあると思えばいいのです。引退後でもいいですが、そこまでとっておかずとも、今からやればいいのです。

多少時間を使ってでも、自分の考えをまとめるという営みはやる価値があると思います。作家型人生と表現しましたが、別に本当に作家になろうという話ではなく、あくまで自分軸で考えやストーリーを組み立てていく人生を歩みましょうといいたいのです。自分の人生は誰かが書いたものではなく、また誰かが書いた人生を読む過程でもないはずです。自分の人生を自分で書く過程こそが、生きる過程だと思うのです。それはまさに私たち一人ひとりが、自分の人生の作家になることを意味するのです。

私は三七歳の時に最初の本を書いて作家デビューしました。奇しくもその時から、ようやく自分軸で生きられるようになった気がします。自分の考えをまとめる習慣ができたからだと思います。すべてを本にするわけではありませんが、自分の気になったことについては、少なくともあらすじのようなものをメモするくらいはします。

このように、自分軸で生きるというのは、人の考えに自分を当てはめるのではなく、自分自身の考えをゼロから生み出していく生き方にほかなりません。さあ、あなたにとっての人生一〇〇年時代はどんな物語になるのでしょうか。

パーティー型ではなく、一人カラオケ型

「ポジティブな孤独」を楽しむ

人生の時間が長くなるということは、それに比例して一人でいる時間も長くなることを意味します。

人間誰しも、ときには一人になりたいものです。一日のうちでもそうでしょうし、人生の一時期というスパンでもそんな気持ちになることがあると思います。

ただ、人生一〇〇年時代にはその期間が長引くことが考えられるのです。そのとき、はたして孤独に耐えられるかどうか。逆にいうと、孤独に耐えられる性格になったほうが、人生を楽しめるともいえます。

私はそれをポジティブな孤独と呼んでいます。パーティで騒がなくても、あえて一人でカラオケに行って楽しめるような人のことです。一人でできることはたくさんあります。

しかも一人でやるということは、すべて自分の好きなように、好きなペースでできるので、本当はこんなにいいことはありません。もし、孤独でいることを心から気にすることなくできるならの話ですが。

コミュニティと孤独は両立できる

そのためには、まず人と何かをすることのマイナス点に目を向けるといいでしょう。誰かに合わせるのは大変ですし、期待を裏切られることもありますよね。パーティに参加していてもむなしくなる瞬間があるのは、こうした理由からです。パーティ型の人生が必ずしも楽しいわけではないのです。

それに対して、孤独のメリットはたくさんあります。たとえば一人でカラオケに行ったとしましょう。まず歌い放題です。我慢して人の歌を聴かなくても済みます。同じ曲を何度歌ってもいいですし、途中で切ってもいいでしょう。時間も気にする必要はありません。

個人主義の国アメリカでさえ、コミュニティが崩壊し、個々人がバラバラになっているといいます。そのことを象徴的に表現したのが、ロバート・パットナムの『孤独なボウリング』（柏書房）という本です。二〇〇六年に出版され、全米でベストセラーになりまし

のです。かつてはみんなでボウリングをしていたのに、今は一人で行く人が増えているという

それを日本に当てはめるなら、「一人カラオケ」だという議論がありました。でも、そのことをそんなにネガティブに捉える必要はないと思うのです。コミュニティの活性化と、孤独を楽しむ生活は両立すると思います。

コミュニティの活性化は、同調圧力によっては実現できません。かつてはそうだったのかもしれませんが、いったんそれが崩壊し、個人主義的生活が基本になった現代にあって、また同調圧力によってコミュニティを再生させようというのには無理があります。

そうではなくて、コミュニティは、むしろ個人が孤独をポジティブに楽しめるように、セーフティネットとして存在すればいいのです。つまり、孤独を楽しむ個人が困ったときは助け合いの輪に入れるような、もっとお気軽で緩やかな紐帯《ちゅうたい》であるべきだと思うのです。

孤独死をなくそうという掛け声のもと、見回りの人たちが毎日やってくるのは、はたしていいのかどうか。ここには孤独死は悲しい、全員が誰かに見守られながら死にたいと思っているはずという価値観があります。でも、私自身は死ぬときは周囲を気にせず、一人で死にたいと思っています。そういう人もいるはずなのです。積極的孤独死を望むよう

な人が。人生一〇〇年ともなればなおさらでしょう。

一〇〇歳になった姿を人には見られたくないという人も出てくるはずです。だからコミュニティはセーフティネットでいいのです。パーティをしながら死にたい人もいるでしょうが、一人カラオケをしながら死にたい人もいるはずですから。

蓄積型ではなく、使い捨て型

情報を使い捨てできるかが問われる時代

人生一〇〇年時代の知に対する考え方はどうなるでしょうか。スローガン的にいうなら、蓄積型から使い捨て型への転換が必要だと思います。これまでは知は蓄積していくものだと考えてきました。だから大量に暗記することが余儀なくされたのです。学校教育でも受験でも。

でも、そもそもインターネットのおかげで、知識はいつでもどこでも瞬時に入手できるようになりました。それに時代の変化があまりにも速いので、それに比例して知の耐用年数がものすごく短くなっているのです。したがって、せっかく苦労して暗記しても、それが有効である期間はたかがしれています。それなら、知を蓄積するのではなく、必要なときに手に入れては捨てていくほうがいいということになるのです。

だいたい知識を一〇〇年間も大量に詰め込み続けるのは無理です。より積極的な理由を挙げると、このAI時代にあって、人間がやるべきことはもっと創造的であるべきです。知識を蓄積するのはコンピューターに任せて、人間は創造的思考にこそ力を入れるべきなのです。

だから本を収集しても仕方ありません。百科事典が売れなくなったのもそうした理由からです。インターネット上で情報が頻繁に更新されるため、紙の分厚い本を持っている必要がないからです。情報はその場でネットで手に入れ、その場で捨てていく。かつて情報化社会では情報の取捨選択能力が大事になってくるといわれましたが、人生一〇〇年時代には、いかに情報を使い捨てできるかが問われてくるのです。

本は情報に接したときの記憶が佇む場所

ただし、モノとしての本が不要かというと、まったく違います。情報を得るという目的ではなく、本は別の目的で収集し、手元に置いておく必要があると思うのです。それは記憶としての目的です。

本がネット上の情報と異なるのは、モノとしての存在意義がある点です。しかも単なるオブジェではなく、情報を持ったモノです。本はモノであるがゆえに、個性を持ちます。つまり、いつどこで、どんなシチュエーションで自分と出逢ったかということです。何千部、何万部と印刷された同じ本の中から、私たちはたった一冊を手にすることになります。それはもう運命的な出逢いといっていいでしょう。

自分が手にした瞬間から、その本はこの世にたった一つの存在になるのです。私の手元には、文庫版の哲学の古典がたくさんあります。その中でも、ルソーの『社会契約論』は特に古びています。あれは本格的に哲学に興味を持ち始めたときのことでした。ある日突然、古典に挑戦したくなったのです。でも、いきなり分厚い本を読んでも挫折しそうだし、何より当時は市役所に勤めていたので、電車での通勤時に読むつもりでしたから、薄い文庫のようなものがいいと思って選びました。たったそれだけの理由です。

でも、その時のことを克明に覚えています。市役所に入ったばかりで、同期の友人が私のカバンにこの本が入っているのを見て、「え、こんなの読んでるの?」と驚いていたのが印象に残っています。しかもわからないところにびっしり線が引いてある。今見ると、おかしなところに線が引いてあったり、トンチンカンなコメントが書き込まれているのですが、これこそが記憶なのです。

その記憶は今の私につながっていて、ページを開くと、当時の疑問が今の理解にどうつながっているかがよくわかります。

このように、本はその情報に接したときの記憶が佇《たたず》む場所なのです。それはネット上の情報にはありません。だから記憶を残したいときには本が必要なのです。知識を蓄積するためではなく、記憶を残すために。

人生一〇〇年もあれば、色んな思い出が生まれるはずです。本はその思い出のいくつかを彩ってくれるはずです。

収集型ではなく、片付け型

地球に負荷をかけず、シンプルに生きる時代

知識については蓄積型ではなく使い捨て型がいいという話をしましたが、これはあらゆる物事に当てはまります。そこであらゆる物事に当てはめる場合は、収集型ではなく、片

付け型がいいと表現したいと思います。

どう違うかというと、たとえば物の場合、集め出すとどんどんたまっていきます。だから片付ける必要が出てくるのです。これは必ずしも使い捨てのものばかり利用すればいいというのとは違います。それでは環境にもよくないでしょう。使い捨てでいいのは、形の残らない情報だからそう表現したまでです。

基本的に物の場合は、そもそも手に入れないようにしなければなりません。でも、必要最小限の物はいるでしょうから、いかにうまく選択するかです。長持ちするものを選ぶ力といってもいいかもしれません。

「3章　人生一〇〇年基準の社会とは」の「日本はどういう社会を目指すべきか」で、人新世の話をしました。人生一〇〇年時代の到来と軌を一にして、地球規模で生じている新しい地質学上の時代のことです。

地球の歴史において、初めて人類が地球に大きな影響を与える時代が訪れたのです。これまでは逆でした。地球の自然が人間に影響を与え、支配してきたのです。ところが、地下資源の採掘、地球温暖化、海洋汚染などを見ても明らかなように、地球は完全に人間の支配下にはいってしまっています。

こうした時代にあって、私たちは今、生き方の転換を迫られているのです。一〇〇年という長きにわたって、一人の人間が地球に負荷をかけ続けたらどういうことになるか。だからもっとシンプルに生きなければならないのです。その危機感はあの大量消費大国アメリカにさえ生じ始めているといっても過言ではないでしょう。『人生がときめく片づけの魔法』（サンマーク出版）で有名な片付けコンサルタントの近藤麻理恵さん、通称コンマリがブレークして彼女の番組がエミー賞まで受賞したのは、その証左です。

欲望を絶つことはできないが、コントロールすることはできる

シンプルに生きるためには、選ぶ力、捨てる力、ノーという力の三つが求められます。いわゆる断捨離はこうした三つの力を一つの思想に昇華したものですが、私にいわせると少しずつ異なります。

断捨離の「断」は、入ってくる不要な物を断つという意味ですが、私の場合はもっと積極的に本当に必要なもの、本物を選びましょうといいたいのです。その点でよりポジティブな発想だといえます。

断捨離の「捨」はいらない物を捨てる勇気を指していますが、同じ捨てるでも、私の場合はいるものも捨てるという、より積極的なものです。

シンプルライフは、生活そのものの転換ですから、今まで必要だと思っていたものでさえ根本的に見直さなければならないのです。

断捨離の「離」は、物への執着から離れるという高尚なものですが、私のいうノーという力は逆にもっと現実的なものです。物欲を捨てるなどというのは、なかなかできるものではありません。それに、人間の欲望は一つの大きなエネルギーのようなものなので、物欲だけ捨てるということは本来不可能なのです。それをすると、ほかのエネルギーも弱まってしまいます。

そこで、私たちがすべきは、欲望をコントロールすることだと思います。強い意志を持つことです。強い意志さえあれば、欲望を捨てずとも、飼いならすことができるはずです。ノーというのには強い意志がいりますが、それができるようになったとき、ようやく私たちは、人新世と一〇〇年時代が織り成すこれまで見たこともない二重の螺旋《らせん》階段を上っていく力を手にするのです。

選ぶ力、捨てる力、ノーという力は、断捨離よりも積極的な「選捨ノー」です。奇しくも私は、昔から洗車があまり好きではありません。大きな車を洗う水がもったいないし、大量の洗剤を流すので環境にもよくないと感じていました。車は消費社会の象徴のような存在です。だからこそ「洗車ノー」ならぬ「選捨ノー」をスローガンにしてはどうかと思うのです。

ビジネススクール型ではなく、宗教型

自分の心の支えになる「何か」を持つ

これまでビジネスパーソンの自己啓発といえば、MBAが定番でした。キャリアアップするために何を学ぶかといえば、やはりファイナンスやマーケティングといったより実践的なビジネススキルを選ぶでしょう。その最高峰がMBAだったわけです。特に近年は国内で日本語で学べるMBAや、オンラインでしかも科目ごとに履修できるようなMBAも出てきて、よりお手軽になっていますから。

しかしこれもまた、従来の人生モデルにおいてはそれが最適だったというだけです。まずMBAはビジネスに特化しています。そしてキャリアアップを目的にしています。言い

換えると、一生ビジネスを続けること、そして上を目指していくというキャリアパスが前提になっているのです。

もう何度も書きましたが、人生一〇〇年時代には、色んなことが起こります。仕事もいくつか違うことをやる可能性だってあります。ビジネスパーソンが公務員になったり、その後突然教師になったりと。まさに私がそうなのですが。

今は珍しくても、おそらくそういう人は増えてくるはずです。そうすると、単純にビジネスエリートとしてお金を稼ぐために生きるというのが唯一の生き方ではなく、何をしていたとしても、心の充足を得られる人間として生きることが求められてくるように思うのです。

だから私は、人生一〇〇年時代の自己啓発は宗教型がいいと思っています。テクニックよりも、心の充足を最優先するべきだと思うのです。ＭＢＡはテクニックの典型で、それさえあれば生きていけるというような印象でしたが、これからは違います。求められるテクニックはどんどん変わっていきますから。せっかく覚えたソフトも、使いこなせるようになった頃には新しいものが出てくるというように。

それでも心が折れることなく、どんどん前向きに時代に対応していけるだけのマインドこそを鍛えておく必要があるわけです。あるいは、悲しいことと苦しいこともたくさん経験することになるでしょう。人生が長くなるということは、いいことも悪いことも数多く経験することを意味します。

そんなとき自分を支えてくれる何かをしっかりと身に付けておかねばなりません。だから宗教型なのです。今世界的に宗教が力を盛り返す「再魔術化」と呼ばれる現象が起こっていますが、まさに時代が宗教を求めているのかもしれませんね。でも、日本ではキリスト教やイスラームのように宗教的生活を送るという習慣がないので、それは必ずしも宗教である必要はありません。あくまで比喩です。

たとえば、尊敬できる人の言葉でもいいですし、哲学でもいいでしょう。私の知人の中には、剣道が自分にとっての心の支えだという人もいます。たしかに武道は「道」ですから、十分心の支えになり得ると思います。

要は自分の心を支えるだけの何かがあればいいのです。これまではそんなものなくてもよかったかもしれませんが、これからの命長き時代はわかりません。備えあれば憂いなしだと思うのです。

ロールプレイングゲーム型ではなく、シューティングゲーム型

シューティングゲームは人間の本能に合っている

ゲームには大きく分けて二種類あるように思います。ロールプレイングゲームとシューティングゲームです。ロールプレイングゲームというのは、ＲＰＧとも略されるもので、自分の選んだキャラクターを使って、ほかのメンバーと協力しながら冒険などをするゲームのことです。「ドラゴンクエスト」（通称ドラクエ）や「ゼルダの伝説」など、私が子どもの頃から続いている人気ゲームもあります。

これに対してシューティングゲームというのは、ＳＴＧとも略されるもので、砲弾やレーザーを用いて敵を撃つゲームです。古くはインベーダーゲームなどがありますが、やることが単純なだけにこれについては無数の種類のゲームがあります。

人生をゲームにたとえるなら、一般にはロールプレイングゲームのほうがふさわしいように思うでしょう。キャラクターである自分がロール、つまり役割を果たしながら成長していくわけですから。まさに人生そのものです。実際、ボードゲームの定番「人生ゲー

ム」をロールプレイングゲームにしたものもあります。

たしかに客観的に見れば、人生はロールプレイングゲームのようなものなのかもしれません。でも、それがいいかどうかは別問題です。私は人生一〇〇年時代においては、むしろシューティングゲーム型で生きればいいのではないかと思っています。

逆説的に聞こえるかもしれませんが、ずっと成長していく必要はなく、その日をしっかりと生きればいいと思うからです。シューティングゲームをやる人はみなこぞってこういいます。ストレス解消になると。敵をやっつけてすっきりするのは、人間の本能でしょう。その意味では本能的に生きるということです。

生産性など考えたら、こんなゲームをしていてもなんの得もありません。時間の無駄です。ただ、それは人生をあまりに単純に考えすぎです。人生は何かを成し遂げるためのプロジェクトではないのです。一〇〇年も続く人生は、その日その日をどう生きるかということこそが大事で、一〇〇年だからこそすべてが一期一会《いちごいちえ》なのです。

生産性信仰から抜け出す発想が必要

ただし、それは快楽にふけって生きていればそれでいいという話ではありません。だからここでも享楽的ではなくて、前に提起した「今日楽的」という言葉を使いたいと思います。その日をいかに楽にするか、それこそが長く厳しい人生において最大のプロジェクトだと思うのです。

そのためには、生産性信仰の呪縛から自由にならなければなりません。働き方改革とかいいながら、結局はいかに短い時間で成果を上げるかが主目的になっています。つまり生産性の議論になってしまっているのです。本来は、人間らしい生き方が主目的であるはずなのに。

そもそも働き方などという労働主体の発想でこの議論をしている点に、限界があるのかもしれません。働き方改革イコール仕事の改革ですから。そうではなくて、人間らしい生き方改革であれば、働き方や仕事、ましてや生産性など度外視して、まずは人間とは何かを改めて議論すべきでしょう。

でも、産業革命以来資本主義に洗脳されてしまったこの国に、そんな発想はないのです。いや、産業革命以前ではまだ不十分でしょう。もっと太古にまでさかのぼってはどうでしょうか。人間がまだ働くことを当然視する前の時代、そう遊びのほうが当たり前だった時代まで。それくらいやらないと、生産性信仰から抜け出すのは容易ではありません。

だからこそ、人生一〇〇年時代をもっと大局的に捉える必要があるわけです。これぞまさに人間らしい生き方を考えるための問題提起にほかならないのですから。

マイホーム型より、グローブトロッター型

マイホームは人生一〇〇年時代になじまない

かつて「憧れのマイホーム」という言葉をよく耳にしました。都会で働くサラリーマンにとって、自分の家を持つというのはまさに憧れだったわけです。三五年ローンを組んで、定年までローンを払い続ける。そうしてようやくマイホームを手に入れたときには、わずかな余生を送るだけの人生が待っているのです。

もう少し前向きな表現をするなら、「終《つい》の棲家《すみか》」になるとでもいえましょうか。マイホームが人生の最期を迎える場所になるのです。こうした住む場所に関する考え方は、終身雇用で同じ会社に属して最後まで勤め上げるという生き方と連動しています。三五年間安定した収入があるという見込みのもと、はじめて銀行はローンを組んでくれるのです。

しかし、マイホーム型の人生は、一〇〇年時代にはふさわしくありません。まず仕事が

どうなるかわからないのに、三五年もローンを組むのはリスクが高いでしょう。それに同じ場所に住み続けるかどうかもわからないのに、家を買うと損なだけです。住まない家ほどマイナスなものはありません。人に貸していても同じです。実は私もまさにその状況にあるので、日々痛感しています。

旅先で死んでもいい、お墓もいらない

では、一〇〇年時代における住まいの考え方はどうあるべきなのか？　名づけるならグローブトロッター型でしょうか。グローブトロッターとは、世界旅行者という意味で、仕事で世界を飛び回っている人のことをいいます。

そういう人は一か所にとどまるよりも、色んなところを見てみたい人です。だからマイホームや終の棲家にはあまり関心がないのです。なんだったら旅先で死んでもいいとさえ思っています。なぜそんなことがわかるのか。何を隠そう、私自身がそうなのです。

かつての私は、住まいに関してマイホーム型の発想を持っていました。だから三五年ローンを組んだのです。なんのためらいもなく。当時は市役所職員でしたし。

しかし、哲学者になって生き方が一八〇度変わりました。世界に目を向け、海外に住

み、旅するうちに、グローブトロッターになっていったのです。そして住まいに関しても、グローブトロッター型の発想を持つようになりました。今はどこか知らない世界に住み、そこで死んでもいいと思っていますし、旅先で死んでもいいとも思っています。お墓もいりません。

人生一〇〇年もあると、この先どこで何をするかは予測不能です。環境も大きく変わるでしょうから、必然的にその環境に影響を受けるに違いありません。それくらい柔軟に考えておけば、少なくとも土地に縛られることはないでしょう。

かといって、故郷を軽視すればいいとか、捨てればいいという意味ではありません。これから住む場所と違って、故郷は変えることができませんから。それはアイデンティティの一部のようなものであって、いつまでも大切にすべきです。

遣唐使として派遣され、かの地で亡くなった阿倍仲麻呂《あべのなかまろ》のように。「天の原ふりさけ見れば春日なる三笠の山に出でし月かも」。故郷を離れて二七年、彼の歌はいつも私を勇気づけてくれます。

消費型より、哲学型

人生における満足とは、生きる喜びを感じること

最後に、より充実した一〇〇年時代を送るための生き方を提案したいと思います。私は一言でいうと今の世の中は消費社会だと思っています。本書でも何度かキーワードとして言及してきました。

でも、一般にいう消費社会は、物質的なものに限定して使うことが多いでしょう。私の場合はもっと広い意味で使っています。つまり、何もかも消費することしか目的にしていない社会という意味です。

知識もそうですし、愛などの感情もそうでしょう。本書では、今日を楽に生きるという「今日楽的生き方」を説いてきましたが、それと消費はイコールではありません。享楽的ならそうかもしれませんが、私のいう今日楽的だとそうはならないのです。

『論語』にあるような、「朝に道を聞かば夕べに死すとも可なり」という、その日一日を納得して生きる生き方にするためには、むしろ毎日を哲学的に生きることが必要となりま

す。

消費型と哲学型という言葉を対比するのは奇異に感じられるかもしれません。でも、哲学は消費の対極にある態度であるように思うのです。

つまり、ここでいう哲学とは、狭い意味での学問としての哲学ではなく、とことん突き詰めるという意味です。

そもそも哲学とは、知を愛するという意味であり、知を探求し続けるその態度を含意しています。哲学の父ソクラテスが実践したのも、問い続けることでした。その弟子のプラトンが説いたのも、理想を追い求めることだったのです。したがって、哲学とは突き詰めることだといってもあながち間違いではないでしょう。

かつてJ・S・ミルがベンサムの量的功利主義を揶揄した「満足な豚よりも、不満足なソクラテスのほうがいい」という表現は、ここで私が対比している消費型と哲学型という二つの生き方にも当てはまります。つまり、消費することで満足してしまうのが消費型で、いつまでも満足することなく追求し続けるソクラテスが哲学型だということです。

消費型の生き方が問題なのは、単に享楽的なだけでなく、実際には人生を味わっていない点だといえます。表面的には満足しているかのように見えますが、それはただ欲を満たしたただけで、真の意味での満足とはいえません。人生における満足とは、生きる喜びを感じることであり、それは決して欲を満たすだけで感じられるものではないのです。

人が生きる喜びとは、自然を感じ、他者と共感し合い、身体を動かして汗をかき、ときに悩み苦しむことをも含むのです。そのすべてが人生を豊かなものにし、「ああ、生きてよかった」「生きるって素晴らしい」と私たちに思わせるわけです。

そのためには、欲が満たされた時点で終了していてはいけません。もっと追い求めないといけないのです。たとえそれが苦しみを味わう結果になったとしても。悩みを抱える結果になったとしても。その悩み続けるプロセスこそが人生なのですから。

人生一〇〇年時代を、試合の延長戦みたいに軽く扱うべきではないでしょう。延びたのはほかでもない命です。その一年一年が、貴重な生命の営みです。だからその命を与えられた私たちは、人生を可能な限り豊かなものにする義務があるのです。人生一〇〇年時代に、私が哲学型な生き方を説くのはそうした理由からです。

おわりに　人生一〇〇〇年時代に向けて!?

SFのノリで語られていた人生一〇〇年時代

私が若い頃には、人生一〇〇年時代なんて考えてもみませんでした。たとえば二〇歳の頃だと、わずか三〇年前です。それでもまだ誰も人生一〇〇年だなんて本気では信じていなかったのです。医療が発達し、どんどん長寿化していることくらいはわかっていましたから、そのうち一〇〇年生きるようになるみたいなことはいっていましたが、あくまでSFのノリでした。

そこで最後に「人生一〇〇〇年時代」の話をしておきたいと思います。こんなことを書くと、何をSFみたいな話をと思われる方が多いことと思います。はたしてそうでしょうか？　つい三〇年前には人生一〇〇年時代だってSFみたいな話だったわけです。

とするならば、加速度的にテクノロジーが発達する今、そして今後、いつ人生一〇〇〇年時代が訪れてもおかしくないのではないでしょうか。本文でも論じたように、私は基本的にはテクノロジーに関しても無理して発展させる必要はないと思っています。減速主義です。人間はゲノム編集をはじめ、すでにやりすぎています。

にもかかわらず、世の中のマジョリティはどうしてもテクノロジーの進化を止めようとはしないのです。遺伝子を操作しまくって、一〇〇〇年も生きる人間を生み出すのは、時間の問題ではないでしょうか。

「もうこれでいい」といって人生の幕を引く

では、人生一〇〇〇年時代は幸せなのかどうなのか。今日楽的に生きれば問題ない？

実は私はそうは思いません。本書で私が論じたことは、あくまで人生一〇〇年時代に妥当することであって、それ以上の数百年時代とか、まして一〇〇〇年時代、あるいは不老長寿には当てはまらないのです。なぜなら、それはもう人間という存在を超えているからです。


人間とは、死と隣り合わせに生きざるを得ない存在です。だからこそ生きるのです。いつか死ぬかもしれない。もしかしたら明日死ぬかもしれないと思うから、生きるのです。

今日という概念は、そんな終わりを意識してはじめて成り立つものです。ところが、一〇〇〇年も生きられるとか、永遠に生きられるとなると、終わりが見えません。そのとき私たちは本当に今日楽的に生きられるのかどうか。

私にはまだ一〇〇〇年を生きるための態度や思想が思いつきませんが、できればそんな苦しいことを考えなくていいように、テクノロジーがこのへんで減速してくれることを祈るばかりです。

本書のタイトルにもなっている『人生100年時代の覚悟の決め方』は、一〇〇年だからこそ考えられることであって、終わりが見えないときにはたして覚悟なんて決められるのでしょうか。大変だけどここまでは頑張ろうというふうに、ある程度ゴールが定められていて、そこから逆算してどう生きるか考えたときはじめて、人は覚悟ができるものだと思います。

かつてドイツの哲学者カントは、最後にこういったとされています。

Das ist gut.

「もうこれでいい」などと訳されることが多いのですが、彼はストイックに考え抜く人生を送り、長寿をまっとうしました。

もしカントが一〇〇〇年生きたとしたら、きっとこんなふうにはいえなかったような気がします。人生一〇〇年時代を楽しく生き抜いて、ぜひ最後は「もうこれでいい」といって人生の幕を閉じたいものです。

さて、本書を世に送り出すにあたっては、実に多くの方にお世話になりました。とりわけ、方丈社の宮下研一社長には、本書の執筆の機会を与えていただいただけでなく、今人生一〇〇年時代を論じるための動機を明確化していただいたように思います。また編集者の山田雅庸さんには、タイトなスケジュールの中、的確に原稿を整理していただき、感謝しております。

最後に、あまたある同テーマの類書の中から、あえて本書を手にとってお読みいただいたすべての方に厚くお礼を申し上げます。ありがとうございました。

二〇一九年一〇月

小川仁志

主な参考文献

吉沢久子『100歳まで生きる手抜き論』幻冬舎、二〇一七年
C・G・ユング『無意識の心理』高橋義孝訳、人文書院、二〇一七年
村田裕之『スマート・エイジング』徳間書店、二〇一九年
デイヴィッド・ベネター『生まれてこないほうが良かった』小島和男他訳、すずさわ書店、二〇一七年
大杉潤『定年後不安』KADOKAWA、二〇一八年
河合雅司『未来の年表2』講談社、二〇一八年
ジョセフ・F・カフリン『人生100年時代の経済』依田光江訳、NTT出版、二〇一九年
小前亮『星の旅人』小峰書店、二〇一八年
リンダ・グラットン他『ライフ・シフト』池村千秋訳、東洋経済新報社、二〇一六年
三木清『人生論ノート』新潮社、一九七八年
老子『老子』蜂屋邦夫訳、岩波書店、二〇〇八年
セネカ『生の短さについて　他2篇』大西英文訳、岩波書店、二〇一〇年
エリック・ホッファー『波止場日記』田中淳訳、みすず書房、二〇一四年
バートランド・ラッセル『怠惰への讃歌』堀秀彦他訳、平凡社、二〇〇九年

ショウペンハウエル『読書について　他二篇』斎藤忍随訳、岩波書店、一九六〇年
デカルト『情念論』谷川多佳子訳、岩波書店、二〇〇八年
A・アドラー『生きるために大切なこと』桜田直美訳、方丈社、二〇一六年
エーリッヒ・フロム『愛するということ』鈴木晶訳、紀伊國屋書店、一九九一年
アラン『幸福論』神谷幹夫訳、岩波書店、一九九八年
ヒルティ『幸福論　第二部』草間平作他訳、岩波書店、一九六二年
J－P・サルトル『実存主義とは何か』伊吹武彦訳、人文書院、一九九六年
エピクロス『エピクロス―教説と手紙』出隆他訳、岩波書店、一九五九年
九鬼周造『偶然性の問題』岩波書店、二〇一二年
パスカル『パンセ』前田陽一他訳、中央公論新社、一九七三年
マルクス・ガブリエル『なぜ世界は存在しないのか』清水一浩訳、講談社、二〇一八年
ヘーゲル『法の哲学Ⅰ』藤野渉他訳、中央公論新社、二〇〇一年
アダム・スミス『道徳感情論（上・下）』水田洋訳、岩波書店、二〇〇三年
ジョン・デューイ『哲学の改造』清水幾太郎他訳、岩波書店、一九六八年
ハンナ・アレント『人間の条件』志水速雄訳、筑摩書房、一九九四年
ロバート・D・パットナム『孤独なボウリング』柴内康文訳、柏書房、二〇〇六年

小川仁志 おがわひとし

1970年、京都府生まれ。哲学者・山口大学国際総合科学部教授。京都大学法学部卒、名古屋市立大学大学院博士後期課程修了。博士（人間文化）。商社マン（伊藤忠商事）、フリーター、公務員（名古屋市役所）を経た異色の経歴。徳山工業高等専門学校准教授、米プリンストン大学客員研究員等を経て現職。大学で新しいグローバル教育を牽引する傍ら、「哲学カフェ」を主宰するなど、市民のための哲学を実践している。また、テレビをはじめ各種メディアにて哲学の普及にも努めている。NHK・Eテレ「世界の哲学者に人生相談」には指南役として出演。最近はビジネス向けの哲学研修も多く手がけている。専門は公共哲学。著書も多く、ベストセラーとなった『7日間で突然頭がよくなる本』や『ビジネスエリートのための！リベラルアーツ　哲学』をはじめ、これまでに約１００冊を出版している。

人生《じんせい》100年時代《ねんじだい》の覚悟《かくご》の決《き》め方《かた》

2019年11月12日　第1版第1刷発行

著　者　小川仁志《おがわひとし》
発行人　宮下研一
発行所　株式会社方丈社
〒101-0051
東京都千代田区神田神保町1-32　星野ビル2F
Tel.03-3518-2272 ／ Fax.03-3518-2273
http://www.hojosha.co.jp/
装丁デザイン　ランドフィッシュ
印刷所　中央精版印刷株式会社

ISBN978-4-908925-57-3